Significado y doctrina del
Arte Nuevo de Lope de Vega

JUAN MANUEL ROZAS

SIGNIFICADO Y DOCTRINA DEL ARTE NUEVO DE LOPE DE VEGA

Colección «TEMAS»

SOCIEDAD GENERAL ESPAÑOLA DE LIBRERIA, S. A.
Evaristo San Miguel, 9
MADRID-8

Colección «Temas», núm. 9
dirigida por Luciano García Lorenzo

ISBN: 84-7143-091-6

Depósito legal: M. 18.210-1976

Impreso en España por: HEROES, S. A.

Torrelara, 8. Madrid-16

A don Fernando Lázaro

SUMARIO

Todo, todo es verdad.
Durante ese relato en verso justo.

(J. GUILLÉN: *Lope de Vega, Homenaje.*)

Los poetas, dijo Shelley, son los legisladores del mundo; son, por lo menos, los legisladores de su mundo o mundos imaginativos. No hay poeta, se ha dicho, que no tenga un código poético, formulado o no, expreso o tácito, al que obedece.

(J. BERGAMÍN: *Mangas y capirotes.*)

Dame una nueva fábula que tenga
más invención, aunque carezca de arte;
que tengo gusto de español en esto,
y como me le dé lo verosímil,
nunca reparo tanto en los preceptos,
antes me cansa su rigor, y he visto
que los que miran en guardar el arte,
nunca del natural alcanzan parte.

(LOPE DE VEGA: *Lo fingido verdadero.*)

Que si él, en algunas partes de sus escritos, dice que el no guardar el arte antiguo lo hace por conformarse con el gusto de la plebe... dícelo... porque no atribuya la malicia ignorante a la arrogancia lo que es política perfección.

(TIRSO: *Cigarrales de Toledo.*)

Je voudrais bien savoir si la grand règle de toutes les règles n'est pas de plaidre, et si une pièce de théâtre qui a attrapé son but n'a pas un bon chemin.

(MOLIERE: *La critique de l'Ecole de Femmes.*)

PROLOGO

Hay que repetirlo todavía: el *Arte nuevo* es obra capital, no sólo en la literatura, sino también en la cultura española. Aunque la crítica le dedica hace años considerable atención, hemos de remachar, una vez más, el clavo de su importancia histórica y doctrinal —incluso a nivel europeo— porque se la juzga aún, con frecuencia, con reparos, con reservas, como con desconfianza. Hace sólo una decena de años un gran lopista no lo encontraba "a la altura de Lope". A mí me parece una obra que está "a la altura de las circunstancias", como se titula un libro de Guillén, que lleva —muy intencionadamente—, como lema general, esta frase de Antonio Machado, que a su vez responde a un título de Romain Rolland: "Es más difícil estar a la altura de las circunstancias que au-dessus de la mêlée." En realidad —saliendo del tono político de la frase— Lope quiso colocarse, al escribir el *Arte nuevo,* "au-dessus de la mêlée", y así lo fue haciendo a trancas y barrancas en sus primeros ciento cuarenta y seis versos, pero luego —viendo que no podía quedarse fuera del problema— se colocó en el resto del poema "a la altura de las circunstancias". Circunstancias personales, al ser hombre de humilde origen que se eleva en la sociedad barroca, entre nobles y aristotélicos, por medio de la poesía; circunstancias nacionales, al ser cabeza visible de un género literario fundamental a la cultura española, y circunstancias internacionales, al ser uno de los primeros europeos que se planteó, en la boca de la modernidad, la *querella* —traduzcamos el término en su honor— de los antiguos y modernos. *Querelle*: elegante voz académica traducible por el familiar *mêlée*. Lope estuvo "a la altura de las circunstancias" barrocas, y entró, a su modo, pero de lleno, en la *querelle,* cuando comprendió que no podía quedarse "au-dessus de la mêlée". Todo este juego de palabras nos permite centrarnos en cuestiones muy conocidas de nuestro barroco literario, cuya repetición creo pertinente no obstante, al frente de un libro que ha salido, en parte, del aula, a donde espero que vuelva alguna vez.

Entre las dos partes del *Quijote,* de 1605 a 1615, culmina la gran madurez de nuestras letras. En esas fechas la novela llega, con el *Quijote* y las ejemplares, a la cumbre; en la lírica una serie de hechos interesantísimos, como la publicación de las *Flores,* de Espinosa, o las obras de Carrillo, preparan el camino que se hace avenida con el *boom* gongorino; Lope, mientras tanto, tienta la epopeya nacional con la *Jerusalén;* la crítica se desarrolla extraordinariamente, al compás de comentaristas y polemistas múltiples. El número de escritores —muchos de ellos diestros en varios géneros a la vez— se multiplica por tres con respecto al siglo anterior. Entonces, al compás que se consolida el teatro nacional en los corrales y plazas de todo el país, aparece el texto fundamental de la doctrina dramática en forma de forzado manifiesto: el *Arte nuevo.* Lo escribe la cabeza visible del género, Lope de Vega, quien fija por escrito, y la defiende ante las minorías, una poética aplaudida en la práctica por las mayorías, desde hacía algunos años.

La lírica, la novela, la epopeya, el drama y la crítica —con distinto éxito y *curriculum*— llegan aproximadamente juntas a su *climax,* por obra de hombres de tres generaciones. La central y más importante, la de Lope-Góngora (hombres nacidos hacia 1560), que protagoniza el proceso sobre todo en la lírica y en el teatro. Viene ayudada por muchos hombres de la generación posterior (nacidos hacia 1580) que consolidan, como verdaderos discípulos o como seguidores más lejanos, y a veces como detractores, los géneros triunfantes: tales son Tirso, Vélez o Alarcón, Villamediana, Quevedo o Jáuregui. Y son reforzados por escritores que, por diversas circunstancias biográficas, se quedaron descolgados totalmente, o en parte de su obra, de la generación anterior (nacidos hacia 1545), hombres que, como

Retrato de Lope de Vega en los años en que escribió el Arte nuevo
(*Dibujo de Francisco Pacheco para su famoso* Libro de verdaderos
retratos)

Mateo Alemán, Espinel, y más aún Cervantes, publican sus grandes obras al compás de la generación siguiente a la suya. Esto se efectúa tras la muerte de Felipe II, cuando Madrid se hace irremediablemente la Babilonia cortesana de pretendientes y burócratas, llenándose de hombres y mujeres ociosos, o a la espera, que necesitan literatura y teatro para su tiempo libre. Madrid se hace antesala de un Imperio en decadencia. Y en la antesala de ese gran privado que es el Imperio se lee, se escribe y se representa, para matar la impaciencia, para tratar de entender la decadencia de ese Imperio, y para apuntalarlo, en sus justicias y en sus injusticias.

En esos años —de acuerdo con las necesidades de una literatura en manuscritos, para pocos, en inpresos, para bastantes, y en escena, para muchos— Góngora, Cervantes y Lope, a los que se suman una multitud de escritores que casi todos acaban en Madrid, consolidan los tres grandes géneros literarios, y los nacionalizan desde presupuestos italianos, y los hacen barrocos desde presupuestos renacentistas. Lope de Vega es el único de los grandes que tocó todos los géneros con suficiente calidad —con lo que evidentemente perdió en intensidad lo que ganó en extensión—: fue novelista largo y corto; poeta lírico, épico y didáctico; ensayista y crítico; fecundo epistógrafo en prosa familiar y verso elevado, y, por supuesto, dramaturgo. Por eso, y por su fama inusitada, puede ser el centro de la teoría toda de la literatura barroca. (No pienso ahora en valoraciones ni categorías.) Desde él, en efecto, se llega a todos los capítulos de la literatura barroca: por un lado, a la compleja cuestión gongorina y al problema de lo castizo y lo culto, de lo popular y lo tradicional; por otro, a la cuestión neoaristotélica, ya sea en torno a la epopeya, ya al teatro; por otro flanco se llega a lo nacional y a la cuestión de los antiguos y modernos. Y personalmente está estrechamente ligado, apoyado o no, a todos los hombres de la literatura del momento. Empezando por Cervantes y terminando por Calderón, casi no hay escritor del siglo XVII que no esté directamente a favor o en contra de Lope y su obra.

Un capítulo importante de ese sistema literario —en cuyo centro está casi siempre Lope como un imán— es el del *Arte nuevo.* Igual que las *Novelas ejemplares* y las *Soledades* llenan, en novela y poesía, todo el siglo y aún pasan al siguiente, la doctrina del *Arte nuevo* llena la teoría y la práctica de los teatros de cien años. Sus ideas —a veces casi con sus mismas palabras— se repiten y se refrendan por toda una serie de textos teóricos posteriores, que son, ni más ni menos, la historia que la querella de los antiguos y de los modernos en nuestro país. Boyl, Guillén de Castro, Tirso, Rejaule (o sea, *Ricardo de Turia*), Barreda, etc., son jalones fundamentales en la historia de esa modernidad teatral. Todos se declaran discípulos de Lope. Todos los nombrados tienen el *Arte nuevo* como bandera. E incluso para hombres alejados del grupo de Lope, desde Pellicer (1635) al P. Alcázar (ca. 1590), el *Arte nuevo* es fuente declaradamente directa. Y esta situación dura a través de la crisis que sufre el lopismo en manos de los calderonistas de la segunda mitad de siglo, que se hace ya histórica en Bances Candamo en el límite con el siglo XVIII.

Todas estas cuestiones —tan sabidas por los colegas como importantes para los alumnos— me hicieron elegir como tema, del primer curso monográfico que debía dar en la Universidad Autónoma de Madrid, el teatro de Lope, dándole al tema teórico del *Arte nuevo,* y en general a la doctrina teatral barroca, la parte del león. Pues la lírica barroca, en gran parte por influjo de la crítica que parte del 27, está excelentemente estudiada y en vías de buena divulgación entre nuestros estudiantes. La novela del Siglo de Oro —léase, sobre todo, la picaresca— ha sufrido recientemente, en manos de tres o cuatro investigadores nacionales, un gran avance y un definitivo enfoque. Sin embargo, el teatro barroco sigue sin tener muchos estudiosos dentro de España, a nivel de investigación y aula, y por razones históricas que a veces arrancan del 98, ha sido dejado en muchos aspectos a la piedad de manos extranjeras, bien habilidosas por cierto, especialmente anglosajonas.

Este libro, pues, es fruto de una parte de esas clases, repetidas y ampliadas, durante tres cursos consecutivos. Cuando un libro procede —más o menos directamente— de un curso, tiene un carácter especial, para mí generalmente grato. Hay partes que son aportaciones nuevas, dirigidas especialmente a críticos

y profesores, que podríamos llamar, con una terminología peri-
clitada, *el libro del profesor*. Pero el armazón intencional de
la obra va forzosamente encauzado hacia el alumno, en ese nivel
tan interesante de los últimos años universitarios en que es ya
"un tirón investigador", en la parte que podríamos llamar *libro
del alumno*. Esta obra tiene esa ambivalencia. No dudo que
haya en la *Parte general, El significado del poema*, e incluso,
esparcidas por la *Parte especial, El contenido doctrinal* —más
pedagógica—, algunas aportaciones al *Arte nuevo*. Pero el conjunto del libro está pensado con mente de profesor que quiere
explicar lo que la máquina del *Arte nuevo* significa en el momento crítico del Barroco español, a unos alumnos que estaban
muy necesitados de presupuestos y puntos de apoyo previos, a
los que había que puntualizar, antes de hablar de tragicomedia,
lo que era teatro, lo que era tragedia, lo que era poética y lo
que era la *Poética* de Aristóteles. De todo esto el libro se re-
siente, tal vez, en varias partes, por lo que pido perdón a los
lectores avezados.

Se divide mi trabajo en dos partes muy distintas, como
acabo de mencionar. Es la primera una interpretación global
del significado de la obra, y la segunda una explicación detallada
y sencilla de la doctrina de, la obra. En esta segunda, junto al
comentario literal del texto del *Arte nuevo,* he trazado siempre
—en razón del origen de mi trabajo— tres líneas maestras hacia
tres problemas que complementan la lectura del poema. Una,
hacia atrás, buscando la posición —Aristóteles, Horacio, teóricos del Renacimiento— de la tradición clásica. Otra, hacia adelante, buscando la confirmación de las palabras de Lope en
sus seguidores, y dando, a veces, como contrapunto, la voz de
sus contradictores. De esta manera el libro es, en bastantes de
sus páginas, un acercamiento a la teoría dramática barroca,
partiendo del *Arte nuevo*. La tercera línea es centrípeta, y mira
hacia la propia obra dramática de Lope, para comprobar, a tre-
chos, sus teorías con su práctica.

Por último, quiero explicar la gran deuda que este librito
tiene con varios investigadores. Creo que lo he redactado en
un momento oportuno, en el que contaba —además de la lejana
y fundamental base erudita que va de Morel-Fatio a Menéndez

Pidal— con aportaciones recientes, en varios sentidos, que me facilitaban el terreno. Así, las aportaciones de Froldi y Montesinos; así, el primer libro que intenta ser exhaustivo sobre el tema, realizado por mi amiga Juana de José. En muchos aspectos sólo he tenido que colocarme detrás de ellos. También en este tiempo aparecieron dos obras que, sin tratar primariamente del *Arte nuevo,* han sido muy útiles para mi propósito. La *Preceptiva dramática española del Renacimiento y el Barroco,* de Sánchez Escribano y Porqueras —muy mejorada y ampliada en la segunda edición (1972)—, es ya un *corpus* suficientemente completo para seguir con toda comodidad en la enseñanza y en la investigación la teoría dramática de la época, pues permite llevar en la mano —hecho mundo breve, como dirían los barrocos— lo que ni en una buena biblioteca se podría encontrar reunido. Por otro lado, García Yebra nos daba, en 1974, una edición trilingüe de la *Poética,* de Aristóteles, con extensas notas, que resolvía excelentemente múltiples problemas a los no especialistas del mundo clásico. En el texto y a pie de página va el mejor agradecimiento para todos estos maestros y colegas que puedo ofrecerles: el haberlos citado continuamente. Quiero dar las gracias también a José Manuel Blecua Perdices y a Charles Amiel, que comprobaron para mí datos en bibliotecas de Barcelona y París. Y gracias, por fin, a los alumnos de esos tres cursos que, con sus preguntas y respuestas —en clases todavía reducidas—, me han planteado, y aun resuelto, numerosos problemas.

Madrid, enero-diciembre 1975.

2

PARTE GENERAL

EL SIGNIFICADO DEL POEMA

> Que así hace el caldero en el pozo, que baja, baja, hasta que saca el agua que ha menester, y quédase fuera.
>
> (LOPE DE VEGA: *Carta al Duque de Sessa.*)

1. EL TEXTO

A pesar de los años y leguas recorridos por el lopismo todavía nos quedan algunos problemas textuales y bibliográficos por resolver en torno al *Arte nuevo*. Como es sabido, el poema se publicó por primera vez en las *Rimas* de 1609, texto que reeditó, en facsímil, A. M. Huntington, y que ha reproducido en nuestros días, en edición anotada, José Manuel Blecua [1]. Desde 1609 a 1623 se reeditan las *Rimas,* y con ellas el *Arte,* varias veces. Pueden verse en la bibliografía de Juana de José las correspondientes papeletas [2]. Registra cinco ediciones auténticas de las *Rimas* en ese período más una —al parecer— suelta del *Arte nuevo*.

El problema está en esta última. Juana de José ficha una portada del *Arte nuevo* con un pie de imprenta bien posible: Madrid, Viuda de Alonso Martín, 1621. Y este comentario:

---

[1] En LOPE DE VEGA: *Obras poéticas,* I. Barcelona, Planeta, 1969, págs. 11-292.
La edición en facsímile citada se imprimió en dos volúmenes en Nueva York, 1903. Hay edición independiente de las *Rimas,* a cargo de Gerardo Diego en la colección "Palabra y Tiempo", Madrid, 1963. Los prólogos de Blecua y Diego traen sendos esbozos bibliográficos de las *Rimas,* que se han de completar con el libro que cito a continuación de Juana de José. (V. nota 2.)
[2] LOPE DE VEGA: *El Arte nuevo de hacer comedias en este tiempo.* Edición y estudio preliminar de Juana de José Prades. Madrid, CSIC, 1971.
La bibliografía de ediciones en las páginas 331-338. Esta parte bibliográfica se adelantó en *Segismundo,* Revista hispánica de teatro, núm. 3, 1966, págs. 45-55.

No he visto ningún ejemplar de esta edición. Morel-Fatio
la cita, pero tampoco la vio. Parece que se trata de una edición
suelta. Tenemos noticia de que J. Simón Díaz localizó un
ejemplar en la Biblioteca del Arsenal, de París. La colección
teatral de Arturo Sedó, de Barcelona, conserva otro... [3]

La cuestión, que parece mínima, no lo es tanto para mí.
Tengo la convicción, e importa mantenerla dentro de mi enfoque del *Arte nuevo,* de que fue obra que circuló por las mesas
de escritores y eruditos, en el contexto de la polémica con los
aristotélicos, y que no hubo necesidad de divulgarla, en una
suelta, entre cómicos y espectadores de pocas letras, porque
éstos vivían alejados de tamañas teorizaciones y polémicas. Creo
que el *Arte* no salió de su lugar: un poemario culto, dentro de
un libro de poemas cultos, y que no funcionó expresamente
como un manifiesto popular para uso de todos, o poco menos,
tal como convendría a una interpretación romántica de la obrita.

Por ello he tratado de averiguar la existencia o la fantas-
magoría de esa suelta. Había en pro de ella tres datos:

1. El librero Alonso Padilla, en 1736, en su edición en dos
    volúmenes de *La Dorotea* añadió al final el *Arte nuevo,*
    con una portada que decía: Madrid, Viuda de Alonso
    Martín, 1621.
2. Se había visto una edición en la Biblioteca del Arsenal,
    de París.
3. Se había visto otra edición en la Colección Sedó, de
    Barcelona.

Empecemos por los dos últimos puntos. En la Colección
Sedó había una papeleta de esa edición en los ficheros, pero
la obra no aparecía. La habían trasladado a la Biblioteca de
Cataluña. Allí volvía a aparecer, pero al encontrar el libro resultaba la edición citada de *La Dorotea* de 1736. Lo mismo ocurría en el Arsenal. Simón Díaz debió de ver, en los ficheros, la
papeleta del *Arte nuevo,* según testimonio de Juana de José.
Pero, visto el libro, se comprueba que es también el *Arte* con que

---

[3] J. DE JOSÉ, pág. 333.

R I M A S
DE LOPE DE
VEGA CARPIO.
AORA DE NVEVO
añadidas.

CON EL NVEVO AR-
te de hazer Comedias def-
te tiempo.

Año   1609.

EN MADRID.

Por Alonfo Martin.
A cofta de Alonfo Perez, Librero.

*Portada de la edición de las Rimas de 1609, en la que aparece por
primera vez el Arte nuevo*

finaliza *La Dorotea* de 1736. En esta biblioteca tienen —o tuvieron— ambos textos una variante en la signatura. *La Dorotea* es Re 6631 y el *Arte* Re 6631$_2$. Por eso figuraba como obra aparte.

En ninguna de las dos bibliotecas existe, pues, tal suelta. Yo empecé a sospechar esto cuando un librero, y creo que con buena intención, me mostró una suelta del *Arte nuevo,* de Madrid, Viuda de Alonso Martín, 1621. Me abalancé sobre el ejemplar, pero nada más pasar la hoja de la portada vi, abajo, una signatura de un pliego: —S$_4$—. No había paginación, pero los pliegos lo aclaraban todo. Era un trozo de un libro que luego descubrí que era *La Dorotea,* de 1736. Tan claro estaba que el librero me regaló, amablemente, el interesante trozo de libro.

Queda en pie la primera prueba que, aunque indirecta, no es despreciable. ¿Por qué Alonso Padilla, en 1736, puso esa portada de 1621? La contestación la fui hallando poco a poco. Primero vi que Pérez Pastor (núm. 1.804) hablaba de unas *Rimas* de 1621 [4]. No las había visto, pero constaba que la Hermandad de Impresores de Madrid recibió el 2 de enero de 1622 los dos ejemplares que le correspondían. Con esta pista se trataba de mirar en los catálogos de bibliotecas con fondos españoles importantes, y en el de Clara Penney, de la Hispanic Society, aparecía con la deseable seguridad. Al catalogar las *Rimas* entre las ediciones de 1602, 1605 (auténtica y apócrifa), 1609, 1611, 1613 y 1623 venía la de "Madrid, Viuda de Alonso Martín [for], Alonso Pérez, 1621. Pérez Pastor (1804). Cosens 4671 (HSA cop.)" [5]. Y después venía otro ejemplar de las *Rimas* de 1621 en el *Catálogo de algunas obras no dramáticas de Lope de Vega,* formado —en la ya rara revista *Papyrus*— [6] por Joaquín Montaner, con ejemplares de su propia biblioteca. Montaner, con razón, marca la rareza de esta edición, señalando que no figuró en la exposición de Lope de la Biblioteca Nacional de 1935 [7].

[4] Pérez Pastor: *Bibliografía madrileña,* III, Madrid, 1907, pág. 72.
[5] Penney: *Printed Books (1468-1700) in the Hispanic Society of America,* Nueva York, 1965, pág. 587.
[6] *Papyrus. Revista de Bibliofilia,* núm. 2, 1936, págs. 86-93.
[7] La ficha en cuestión está en la pág. 92 de la revista citada *Papyrus,* y lleva en el catálogo el número 70. Como es sabido, de la exposición de Lope mencionada se hizo un interesante *Catálogo...,* Madrid, 1935.

Ahora todo aparecía más claro. El librero Alonso Padilla poseyó unas *Rimas* de 1621. Al añadir el *Arte nuevo* al fin de *La Dorotea* para cubrir la parte de pliego que le sobraba, acudió a ellas. Y, o bien por exceso de detalle, o bien por despiste del impresor, al confeccionar una portada para la obrita añadida, se dieron las señas del pie de imprenta de donde se sacaba. La suposición de mala fe por parte del librero, tratando de hacer creer en una suelta, no es probable. Hubiese elegido otro año y otro impresor, y no esos en los que ya había una edición con las *Rimas*.

El texto de la *princeps* (1609) tiene bastantes erratas. El de 1612, las mismas. El de 1613 tiene, pero menos. Juana de José piensa que lo pudo corregir el mismo Lope. En efecto, una errata difícil, como *alegara* por *Megara,* prueba que un lector inteligente leyó esas pruebas. Por eso, Juana de José edita la obrita por la de 1613. En realidad los textos son casi idénticos, salvo las correcciones de erratas. Al texto usual del *Arte nuevo* se ha de hacer, por lo menos, una corrección segura y dos probables. Con toda seguridad se debe quitar la coma del verso 71, quedando como especificativo el adverbio *donde,* y no como explicativo. De esa manera, según demostró Fernando Lázaro, se entiende todo el oscuro pasaje sobre Lope de Rueda y el entremés; oscuridad que Jack, ingenuamente, achacó a torpeza de Lope. Debe leerse *las comedias antiguas donde está en su fuerza el arte* [8]. En el verso 144 me parece muy probable que Lope, al decir "en lo que escribe [Robortello] de comedia", esté dando en abreviatura un título del erudito italiano, *Explicatio eorum omnium quae ad Comoedia artificium pertinent* —que se editó con una *Parafrasis* del *Arte poética,* de Horacio, y que por eso Morel Fatio cita *Paraphrasis. De Comoedia*— [9] y que por tanto haya de escribirse con mayúscula y en cursiva, *De comedia.* También pienso que los vs. 148-150 hacen sentido mejor transformando la copulativa *y* en *ya:*

En él las papeletas de las *Rimas* van del número 788 al 795 y, en efecto, no aparece la edición de 1621.

    [8] LÁZARO: *El arte nuevo* (vs. 64-73) *y el término entremés,* en "Anuario de Letras", 1965, págs. 77-92.

    [9] V. la nota 48 de esta *Parte general.*

> *están en possesión,* ya que *es forzoso*
> *que el vulgo con sus leyes establezca*
> *la vil quimera deste monstruo cómico.*

Desde luego las dos lecturas son posibles, pero es mejor la que acabo de citar, sin olvidar que la errata *y/ya* es frecuente en manuscritos e impresos del Siglo de Oro.

Con esto el texto queda en lo literal, de momento, leído, establecido. Pasemos de la corteza, como diría Fray Luis.

Portada de las Rimas de 1621 (por cortesía de la Hispanic Society) y pseudoportada del Arte nuevo en la edición de Alonso Padilla, al final de La Dorotea (Madrid, 1736). Nótese el calco del pie de imprenta, incluso en la absurda mención con privilegio

2. LAS ETAPAS DE LA CRITICA

La bibliografía en torno al *Arte nuevo* es ya muy copiosa. En 1971 Juana de José recogía más de 50 estudios [10], y aún se olvidaba de dos muy importantes: el libro *Mangas y capirotes,* de Bergamín [11], y el citado artículo de Lázaro Carreter [12]. Después han salido todavía nuevos trabajos, entre los que destaca un *Apéndice* de Froldi en la traducción castellana de su obra *Il teatro valenzano e l'origine della commedia barocca* [13]. Creo importante, pues, para no perderse en esa pequeña selva bibliográfica, ordenar y filtrar con toda exactitud esos estudios. Podemos organizar cuatro etapas.

0. *Etapa coetánea.* La de los dramaturgos y críticos contemporáneos de Lope, que es a la vez, con terminología alemana, literatura primaria y secundaria. Se divide en tres grupos: *a*) Los discípulos de Lope (Tirso, Guillén, Rejaule, o sea, Ricardo de Turia, etc.), los cuales, naturalmente, le entendieron a la perfección y defendieron la comedia lopista sin los cuidados que tuvo que poner el maestro y sin cuidarse de los que se

---

[10] V. nota 2.

[11] Madrid, Plutarco, 1933. Se subtitula: *España en su laberinto teatral del XVII.*

De los tres trabajos sobre el teatro de Lope que recoge el volumen el más importante para el *Arte nuevo* es el central: "La cólera española y el concepto lírico de la muerte", págs. 77-132.

[12] V. la nota 8.

[13] *Lope de Vega y la formación de la comedia.* Madrid, Anaya, 1968. El apéndice "Reflexiones sobre la interpretación del *Arte nuevo...*" en las páginas 161-178.

"hacían cruces" ante la nueva doctrina. *b)* Los, en un grado u otro, clasicistas y aristotélicos —enemigos directos o indirectos— que, salvo excepciones, no mencionan el *Arte nuevo*, pero lo tienen continuamente presente, como una espina, al elaborar sus teorías. (Abundan los casos con frecuencia equívocos por sus equívocas menciones de Lope, y aun por su situación artística, como Cervantes.) *c)* Los discípulos de Calderón (Bances Candamo especialmente) que lo entienden a la perfección, pero lo valoran desde el arte de Calderón, como a través de un velo. (En esos años tardíos todavía había —no obstante— lopistas declarados como el P. Alcázar) [14].

 1. *Etapa prehistórica.* Va desde Lessing hasta Grillparzer. En este período Lope empieza a ser colocado en la historia del teatro universal, con alusiones a veces desfavorables, pero preocupadas y hasta llenas de simpatía, en los escritos de Lessing, Tieck y Grillparzer [15]. Su mayor enemigo, sobre todo en los hermanos Schlegel, es, como en parte de la etapa anterior, el propio Calderón [16]. De todas formas queda el camino preparado para que el conde Schack abra, de cara a Europa, un nuevo período [17].

---

 [14] En muchos de los casos, y en bien, sobre todo, de los estudiantes, cito las obras de los teóricos del siglo XVII por el *corpus* formado por Escribano-Porqueras, cuya segunda edición ha mejorado mucho a la primera.

 [15] V. FARINELLI: *Lope de Vega en Alemania.* Barcelona, 1936, especialmente la introducción, págs. 33-59. La *Hamburgische Dramaturgie* fue, en su origen, una serie de artículos mediante los cuales Lessing juzgó la vida teatral de Hamburgo en los años 1767 y 1768, y de este libro parte la incorporación de Lope a la crítica teatral europea. Tieck, a finales del siglo XVIII, parece ya interesado por el teatro barroco y en 1818 se dirige a Solger dando un juicio comparativo entre Calderón y Lope a favor de éste (cit. por Farinelli, pág. 47). El libro, en alemán, se titula *Grillparzer und Lope de Vega*, y sobre el lopismo del dramaturgo austriaco versan la mayoría de sus páginas.

 [16] AUGUSTO GUILLERMO, en *Uber dramatische Kunst und litteratur,* curso de conferencias dadas en Viena y publicadas en Heidelberg, en 1809-1811, en dos volúmenes. Al francés se vertieron en seguida: 1809-14. FEDERICO, en *Geschichte der alten und neuen litteratur,* publicada en Viena en 1822-25 en dos volúmenes. Se divulgó mucho en la traducción francesa, también en dos volúmenes, en 1829.

 [17] ADOLFO FEDERICO, CONDE DE SCHACK: *Historia de la literatura y el arte dramático en España.* Traducción de Eduardo de Mier. Ma-

2.   *Etapa histórica (e historicista).* Desde el conde Schack
a la adaptación por A. Castro de la *Vida de Lope de Vega,* de
Rennert, en 1919, pasando por Menéndez Pelayo y Morel-Fatio [18]. ¡Es la etapa asombrosa del asombro! Lopistas apasiona-
dos —salvo el francés— que se entusiasman con las comedias
de Lope y se decepcionan ante el *Arte nuevo,* entonando, a veces,
la palinodia ante la "palinodia" de Lope. En esta época, sin
embargo, se producen dos avances fundamentales en torno al
poema. Morel-Fatio lo edita bien y pormenoriza las fuentes
(Robortello, especialmente) y A. Castro, en uno de los primeros
números de la *Revista de Filología Española,* comenta documen-
tadamente los versos del *Arte* que tratan del honor [19].

3.   *Etapa crítica.* Va desde Vossler a Froldi, pasando por
Menéndez Pidal y Montesinos. La avalancha de trabajos es
ahora continua, sobre todo en torno a los dos centenarios, 1935
y 1962. Mas causa sorpresa ver que sólo una decena logran
aportaciones reales. Tres de ellos concretan pasajes difíciles
e importantes, o bien detalles concretos (Lázaro, Samonà, Escribano) [20]. Otros cinco —aparte el estudio, que intenta ser
exhaustivo, de Juana de José— buscan un entendimiento de

---

drid, 1885-87. Cinco volúmenes. Lope está estudiado en los tomos II
y III. El *Arte nuevo* en el II.

[18] *The Life of Lope de Vega,* de HUGO ALBERT RENNERT, se publicó
en Glasgow en 1904. Hay segunda edición de la adaptación de Castro,
adicionada por Fernando Lázaro, publicada en Madrid, Anaya, 1968.
Don Marcelino publica el tomo II de su *Historia de las ideas estéticas
en España* en Madrid, en 1884. En la edición nacional, Santander, 1947,
se ocupa del *Arte nuevo* en el tomo II, págs. 294-314.

[19] III, 1916, págs. 1-50 y 357-386: "Algunas observaciones acerca
del concepto del honor en los siglos XVI y XVII".

[20] LÁZARO: op. cit. en nota 8; SAMONÀ: "Su un paso dell'*Arte nuevo*
de Lope", en *Studi di Lingua e Letteratura Spagnuola,* Turín, 1965,
págs. 135-146; SÁNCHEZ ESCRIBANO: "Cuatro contribuciones españolas
a la preceptiva dramática mundial", en *Bulletin of the Comediantes,*
XIII, 1961, núm. 1, pág. 2, y también el mismo en su prólogo a
Preceptiva dramática, "Ensayo de síntesis sobre la comedia española
del siglo XVII", págs. 39-53. De Escribano destaco su interés por en-
cuadrar la acción de la comedia en raíces aristotélicas. V. mi reseña
a la primera edición del libro, *Segismundo. Revista Hispánica de Teatro,*
núm. 3, 1966, págs. 197-201.

conjunto del poema (Vossler, Romera Navarro, Menéndez Pidal, Froldi, Montesinos) [21]. Para el sentido general y último de la obrita creo que hoy día son, sobre todo, esenciales —aunque a veces sean contradictorias entre sí, y parcialmente erróneas—: muchas páginas de sensata erudición de Romera, si bien incorporadas ya a la crítica posterior, unas palabras de Vossler, el punto de vista de don Ramón, e, *in extenso,* los trabajos de Froldi y Montesinos.

La decepción de muchos románticos ante la obra, el menosprecio de Morel-Fatio ("Une assez pàle et pédant dissertation erudite") que pedía al poema un escrito al modo de los de Corneille o Víctor Hugo (!) [22], el sentimiento de don Marcelino ante *tamaña palinodia* ("superficial y diminuto, ambiguo y contradictorio") [23], hacen que el quiebro que da Vossler a la crítica del *Arte nuevo* sea gigantesco, a pesar de estar encerrado en una sola página de su *Lope de Vega y su tiempo*.

En efecto, es el primero en abandonar la absurda idea de que el *Arte nuevo* tenía que tener tono de tratado —y de tratado positivista— y pasa a considerarlo como "un poema esencialmente personal, y contiene enseñanza objetiva sólo en apariencia, es decir, festivamente" [24]. Este último adverbio es sólo la verdad a medias, pero podemos perfectamente perdonárselo, pues Vossler quiere decir que no es un poema erudito y didáctico, sino vivido irónicamente, y la ironía roza siempre el humor. Sin embargo, debo ya de atajarle, diciendo que el *Arte nuevo* tiene mucha doctrina objetiva, y hasta sirve para enseñar comedia barroca, de una forma pedagógica en el aula incluso, pero

---

[21] VOSSLER: *Lope de Vega y su tiempo,* Madrid, Revista de Occidente, 1933, págs. 144-45. La edición original, en alemán, es del año anterior. ROMERA NAVARRO: *La preceptiva dramática de Lope de Vega,* Madrid, Yunque, 1935. Todos los artículos habían aparecido antes en revistas. MENÉNDEZ PIDAL: "Lope de Vega. El arte nuevo y la nueva biografía", en *Revista de Filología Española,* XXII, 1935, págs. 337-398. Recogido después en *De Cervantes y Lope,* Madrid, Espasa-Calpe, 1940, págs. 69-143. FROLDI: op. cit., nota 13. MONTESINOS: "La paradoja del *Arte nuevo*", en Revista de Occidente, II, 2.ª época, 1964, págs. 302-330. Recogido en *Estudios sobre Lope,* Madrid, Anaya, 1967, págs. 1-20.

[22] MOREL-FATIO, págs. 368-369.

[23] MENÉNDEZ PELAYO: *Ideas estéticas,* II. Edición nacional, pág. 297.

[24] VOSSLER: op. cit., pág. 144.

una vez que nos hemos desligado, en abstracción, del *yo* lopista circunstancial y comprometido. Otro paso dio el hispanista alemán, y éste de manera irreprochable. Por primera vez, y de un modo que hoy llamaríamos formalista, explica: "Dada la índole del designio se le ofrecía como forma natural y tradicional la epístola poética de estilo horaciano. Lope la italianiza al servirse del endecasílabo sin rima, y la ironiza además al concluir con rimas [se refiere a los pareados] las distintas cesuras de sentido" [25].

Este me parece que debe ser el arranque para todo comentario del *Arte nuevo,* y de él partiré. Es el primer comentario que ve la obra, primero, como una realidad literaria, como una estructura vital artística, y luego como una fuente de conocimientos dramáticos.

En 1935 Menéndez Pidal intentaba dar por primera vez una explicación coherente del contenido del *Arte nuevo* —y al mismo tiempo coherente con sus propias ideas sobre la literatura y el tradicionalismo del Romancero, lo que no resulta siempre viable—. Es también equívoca la idea del maestro de la filología española de seguir acercándolo a los románticos en frases como: "Este vituperio de sí mismo, común a los espíritus románticos, que vemos también en Zorrilla, otro favorito de la popularidad" [26]. Creo que Lope, cuando se pone estratégicamente pudoroso y modesto, lo hace en nombre del Renacimiento como autor de su *Arcadia,* o de su *Jerusalén,* obras con poco espíritu romántico. Tal vez también se exceda el maestro en el concepto de *lo natural* frente al de *arte.* Froldi se lo ha criticado, y Montesinos, sin explicitarlo, también, al reexplicar una idea de Lessing [27]. Pero sí puso una piedra esencial, sobre la ya colocada por Vossler, cuando ve el *Arte nuevo* consecuente con todo Lope, con su vida y con su obra, empezando ya por los preceptos que le enseñaron a Lope en las escuelas: "Yo creo que dudó siempre [de los preceptos clásicos] desde cuando niño de diez años" [28]. Esta idea se complementa con la defensa total

---

[25] VOSSLER: op. cit., pág. 144.
[26] MENÉNDEZ PIDAL: op. cit., págs. 72-73.
[27] MONTESINOS: op. cit., pág. 3.
[28] MENÉNDEZ PIDAL: op. cit., pág. 83.

de Lope, dentro de su sistema, frente a Corneille: "Lope fundaba un estado libre, y es bien de estimar que nos ahorre una tristeza semejante a la de ver al gran poeta francés obligado a escarbar en Aristóteles la aprobación de lo que su propia conciencia artística aprobaba" [29].

Hasta nuestros tiempos, pues, hasta Froldi y Montesinos, hallamos dos ideas fundamentales: la de Vossler, el *Arte nuevo* ha de ser tratado como una *personal* epístola horaciana, no como un tratado erudito, y la de Menéndez Pidal, el *Arte nuevo* es consecuente y coherente con las dudas que a Lope, ya desde niño —vital y generacionalmente— le surgieron sobre la tradición dramática aplicada al siglo XVII.

Froldi, de acuerdo con el punto de vista de coherencia y de totalización de don Ramón, no lo está con él en la explicación del por qué. Para el italiano el término *naturaleza* no es aquí de origen platónico, ni es un vocablo rigurosamente filosófico, sino que tiene el sentido primario "de espontaneidad del sentimiento y de la inspiración". Y explica: "... de haber una base doctrinal en el pensamiento de Lope me parece que sería todavía de ascendencia aristotélica" [30]. Estoy de acuerdo, y creo que cuando Lope habla *del natural,* con esta misma manera de expresarlo, lo confirma. Con idéntico interés por la dualidad *arte/naturaleza* se expresaba el caballero Marino en Italia por esas fechas, y es sabido que ambos están unidos por muchos canales [31].

Quiere decir Froldi, como también ha demostrado Sánchez Escribano [32], que Lope aprovecha en lo posible la doctrina aristotélica, sin creer en preceptos absolutos, e introduciendo el concepto de relatividad e historicidad, fundamental para la comprensión de la vida de los géneros literarios. Por otro lado Froldi enlaza con Vossler al considerar que el *Arte* presenta la hora-

---

[29] MENÉNDEZ PIDAL: op. cit., pág. 87.
[30] FROLDI: op. cit., págs. 24-25. Como se ve por la paginación estas citas no proceden del *Apéndice,* sino del cap. I.
[31] V. DÁMASO ALONSO: "Marino deudor de Lope (y otras deudas del poeta italiano)", en *En torno a Lope,* Madrid, Gredos, 1972, páginas 13-108.
[32] V. la introducción a *Preceptiva dramática,* págs. 39-53.

ciana forma epistolar ("un garboso *sermo* horaciano"), con la
que hace una airosa autodefensa y "una elegante y socarrona
sátira de los pedantes" [33]. (Esta última expresión, contaminada
de la Ilustración, resulta excesiva en su formulación, pero real
en su contenido.)

Por último, en un punto decisivo, Froldi ve cómo Lope no
considera *vulgo* a su público, sino que usa ese término como
contraste con sus elegantes y cultos intelectuales de Academia
que intentan ponerle en situación embarazosa en una sesión
prefijada.

En resumen, los puntos de Froldi se pueden fijar así:
Lope es un barroco, no se le confunda con un romántico, no
se haga de él expresión ingenua e impersonal de una colectividad
metahistórica, no se disuelva a Lope en un mito extrapoético.
El es más individuo que nadie. Es un poeta y dramaturgo culto,
consciente de la importancia que el literato y el teatro —su
teatro, que defiende con ironía y gracia— ha alcanzado en su
tiempo, para los que "sin turbar el sistema ético religioso, social
y político constituido, antes bien reforzándolo, adoptan una función de guía moral de la opinión pública (particularmente reali-
zable a través del teatro)" [34]. (Había que precisar que eso no
significa que no experimente conflictos graves en su comedia, que
dentro del sistema levantan ya una punta el velo hacia los tiempos modernos. De ello me ocuparé más adelante.) Es aristotélico
en diversos aspectos (verosimilitud, unidad de acción, decoro de
personajes) y conoce no sólo la poética de Aristóteles, sino también la retórica, además de la epístola *Ad Pisones,* de Horacio.
(Había que precisar exactamente, como Froldi sabe, que ma-
neja estos autores siguiendo los comentarios de Robortello, tal
como Morel-Fatio demostró.)

En cuanto al significado general poco le quedaba por añadir
a Montesinos, quien no demuestra conocer el libro de Froldi,
aparecido dos años antes que su estudio. El artículo de don
José ostenta toda su agudeza y toda su sensibilidad de gran
lopista, y parece una elaboración de materiales pensados lenta-

---

[33] FROLDI: op. cit., pág. 178.
[34] FROLDI: op. cit., pág. 177.

mente, en forma de notas sueltas, durante años y leguas de
labor lopiana, tal vez empezadas desde el mismo momento en
que escuchó la tesis de Menéndez Pidal que fue mantenida en
varias conferencias en el Centro de Estudios Históricos, donde
Montesinos trabajaba a sus órdenes. Coincide con Froldi en
varios puntos, aunque los expresa con más genial elegancia y
radicalidad. Así, está seguro que los académicos quisieron "ponerle [a Lope] en el aprieto de resolver la cuadratura del
círculo en siete días", a lo que respondió el *Fénix* leyendo su
oración "con la sonrisa en los labios" [35]. Sutil expresión que mi
libro tendrá muy en cuenta y la prolongará. Encuentra fundamental el verso, dicho al final, "sustento en fin lo que escribí",
lo que es "la palinodia de la palinodia" anterior [36]. Y ve cómo
el teatro se justifica por el público que lo alienta, un público
compacto que profesaba, en teoría, pero de corazón, una misma
moral. Por eso —dice don José— Lope, como casi todos los
predicadores, predicaba a convencidos" [37]. Un punto nuevo, que
es un nuevo paso, es la defensa, como normal, de la falsa erudición lopesca, haciéndonos recordar que está no sólo en el
Arte nuevo, sino en toda la obra. Si no un *snob,* como lo llama
don José, sí fue un hombre que estuvo de moda y que quiso
exhibir lo que era y lo que no era —y lo que era con trampa—:
cronista, erudito, científico, freile y poseedor de vientos para es-
cudo con torres. Esto es algo esencialmente barroco: maravillar,
sorprender, mostrar que se saben —y se viven— cosas raras,
aunque procedan de una *poliantea* o de la fantasía. Para Montesinos, en fin, tiene dos fallos el *Arte nuevo.* De uno, dice,
nadie es culpable, y mucho menos Lope. Es un escrito revolu-
cionario que no produjo revolución alguna, pues estaba ya hecha; del otro, sí tiene culpa el *Fénix,* el de ser un escrito "que
no está a su altura". La primera aseveración la contradice, en
buena parte, desde el mismo *Propósito,* este libro. Una revolución se hace, se fija y se consolida. La segunda veremos también

---

[35] MONTESINOS: op. cit., págs. 6-7.
[36] MONTESINOS: op. cit., pág. 6.
[37] MONTESINOS: op. cit., pág. 10.

más adelante que no es del todo justa. Me parece un resabio de lo que se pensaba de la obrita en la juventud de Montesinos, en los felices —con afectuosa ironía y con trágica nostalgia— años 20 y 30 del Centro de Estudios Históricos, creador de algunos mitos y de muchísimas realidades, tales como —para nuestro caso— la colección *Teatro Antiguo Español*.

3. ESTRUCTURA Y COMPOSICION

Causa sorpresa ver que ninguno de los críticos mencionados en el capítulo anterior haya hecho un análisis detenido de la estructura del texto. Y mucho menos un estudio de funciones y relaciones de, y entre, sus partes. Juana de José hace un resumen del contenido de la obra, pero no una estructura. A ella le interesa ordenar el contenido *a posteriori* —y por eso lo hace en las conclusiones—, no para clarificar sus propias ideas, sino para aclarárselas al lector. Mi punto exacto de partida es, por el contrario, la composición, ordenación y estructura del texto. Lo estructuro con métodos parecidos a los que sigo al comentar un texto de pura creación. Juana de José —como por otros motivos había hecho Sinicropi— [38] hace una ordenación temática, yo deseo hacer una ordenación funcional. A ella le interesa resumir y a mí volver a reescribir, es decir, repensar, el *Arte nuevo,* en un tipo de crítica que se parecería a lo que llama

[38] Sinicropi: "L'Arte nuevo e la prassi dramatica di Lope de Vega", en *Quaderni Ibero-Americani,* IV, 1960, núm. 25. En su defecto, manejo la versión castellana aparecida en *Mapocho,* I, 1963, págs. 125-139.

Sinicropi hace una ordenación de los temas del *Arte nuevo* válida pero completamente abstracta y desligada de la ordenación del texto. Una ordenación que mira a los preceptos técnicos que, a modo de recetas, da Lope, más que a la doctrina. Por ello, no aparece entre estos preceptos, ni siquiera la palabra tragicomedia. Me parece importante que el propio lector los siga literalmente: "1) la trama; 2) borrador de la trama; 3) unidad de acción; 4) unidad de tiempo; 5) división en tres actos; 6) división interna: conexión y solución; 7) compactibilidad de la acción escénica; 8) realismo y simplicidad del diálogo; 9) versificación."

Barthes metacrítica, dicho esto sin propósito más firme que el de hacerme entender con rapidez. Juana de José, en fin, y sobre todo, hace una ordenación externa solamente, sin tener en cuenta la dinámica, la función de las partes y el significado de esa ordenación, que sólo puede ser vista juzgando esas partes y su interacción como un sistema. Pondré un ejemplo, más por aclarar mi punto de vista que por contradecir a mi inteligente amiga. Cuando ella lee en el *Arte*:

> *Elíjase el sujeto y no se mire*
> *(perdonen los preceptos) si es de reyes*

(vs. 157-58)

concluye que aquí está expresado el concepto de la libertad de elección de argumentos y temas. Y al leer unos versos más abajo:

> *lo trágico y lo cómico mezclado,*
> *y Terencio con Séneca...*

(vs. 174-75)

dirá que aquí está el concepto de tragicomedia. Basta una mirada de conjunto a los dos pasajes para ver que son las dos caras de un mismo concepto, la tragicomedia: *a*) la mezcla de reyes con los personajes comunes de la comedia; *b*) la mezcla de lo trágico y lo cómico [39].

Por el contrario, cuando ella llama, al resumen que hace Lope de Robortello sobre el teatro clásico, *El arte antiguo,* y lo opone al *Arte nuevo,* está viendo también el texto desde el tema. Para mí esa parte robortelliana del *Arte antiguo* funciona como prólogo, y nada más, de la parte central y en realidad única, del *Arte nuevo,* que es en la que Lope habla de su teatro. *Funciona* como demostración por parte de Lope —en una evidente *captatio*

---

[39] V. más adelante, en la *Parte especial,* el apartado 1. *Concepto de la tragicomedia.*

benevolentiae— de que se conoce y respeta las reglas y la teoría de la tragedia y la comedia clásicas. Empezar directamente con su arte novedoso, sin una máxima concesión de tipo prologal al arte antiguo, era improcedente e imprudente.

Se demuestra esto examinando el pasaje en que se unen las dos secuencias de versos, las que tratan del *Arte antiguo* —para mí, una parte del prólogo, aunque extensa, y no una parte *per se*— y la del *Arte nuevo*. Lope, en el verso 128, tras larga erudición, que es un paréntesis, por más extensa que sea, vuelve a sus argumentos del principio, con una adversativa:

> *pero ya me parece estáis diciendo*
> *que es traducir los libros y cansaros*
> *pintaros esta máquina confusa.*

Tres versos eminentemente demostrativos de lo poco que interesaban, salvo como entrada prologal, las cuestiones del *Arte antiguo,* que no eran tema del día, ni nadie ignoraba. Por eso intenta explicar su actitud, y sigue captándose la benevolencia del auditorio, al excusarse así:

> *creed que ha sido fuerza que os trujese*
> *a la memoria algunas cosas de estas,*
> *porque veáis que me pedís que escriba*
> *arte de hacer comedias en España...*

(En seguida, al estructurar el texto, volveré sobre este pasaje.)

En las líneas siguientes voy a intentar reducir el *Arte nuevo* a una estructura que tenga en cuenta, a la vez, todas las partes de la obra, formando un sistema y teniendo unas funciones que nos expliquen después qué significa esa estructura.

Si buscamos el momento en que Lope se decide, después de muchas vueltas, a enfocar definitivamente su pluma hacia el *Arte nuevo,* tema único que se le había encomendado, habremos de esperar no menos de ciento cincuenta y seis versos, para que, por fin, en el 157, leamos:

> *Elíjase el sujeto...*

Ahí empieza a dar directamente materia sobre la forma
de la comedia nueva. Sin embargo, debemos examinar más despacio la cuestión. Existe, un poco más arriba, una anáfora que
declara tajantemente dónde se ha de dividir con precisión el
texto. En el verso 141 leemos: *Si pedís Arte,* y en el 147: *Si
pedís parecer.* Entre estas dos frases anafóricas, por cierto vitales
para el *Arte nuevo,* a causa de plantear la ecuación *arte-expe-
riencia,* está la división. En efecto, hasta el verso 146, como
luego detallaremos, el texto tiene un sentido prologal, preliminar
al propio *Arte nuevo,* del que el último período:

> Si pedís arte, *yo os suplico, ingenios,*
> *que leáis al doctísimo Utinense*
> *Robortello y veréis sobre Aristóteles,*
> *y aparte en lo que escribe* De comedia,
> *cuanto por muchos libros hay difuso,*
> *que todo lo de agora está confuso,*

es resumen y despedida, mientras que el período siguiente es
preámbulo y adelanto de lo que va a ser el propio *Arte nuevo:*

> Si pedís parecer *de las que agora*
> *están en posesión...*

Vamos a llamar I a la parte anterior a *Si pedís parecer,* y II a
la que empieza ahí. Y olvidando de momento la primera, vaya-
mos con esta segunda, a la que —adelanto— voy a llamar
Parte central o *Doctrinal.* Esta II se corta con toda claridad en
el verso 362, cuando, después de haber dado toda su doctrina,
se vuelve sobre su *yo* y, con tono de nuevo prologal, o mejor
epilogal en este caso —y palinódico, que decían los críticos de
hace medio siglo—, declara:

> *Mas ninguno de todos llamar puedo*
> *más bárbaro que yo, pues contra el arte*
> *me atrevo a dar preceptos y me dejo*
> *llevar de la vulgar corriente, adonde*
> *me llaman ignorante Italia y Francia.*

El tono de esta parte, que llamaré III, ya veremos que es gemelo al de la I.

Tenemos ya aislada una zona, la II, *Central o Doctrinal,* entre los versos 147 y 361. En ella está el verdadero *Arte nuevo;* fuera de ella, a un lado y a otro, está esa confusa —por hábil— *captatio benevolentiae,* simpática, humilde e irónica a la vez, que por ser una verdadera representación de un soliloquio teatral no podremos nunca desentrañar totalmente, pues el gesto, la entonación, la sonrisa son vitales —como ocurre en muchos pasajes de comedias antiguas— para entender el verdadero sentido del texto. Los críticos, con mucha frecuencia, se han engolfado, una y otra vez, en esa *máquina confusa,* como dice Lope, importándoles más la intención y la autobiografía de Lope que la doctrina que sobre su *Arte* nos da. No caigamos en esa trampa y empecemos por analizar la doctrina, parte fundamental; después, tal vez lo que hayamos visto en esta parte, nos sirva para comprender lo accidental, que son las otras dos, a pesar de la intención y las mañas de Lope.

En la *Parte doctrinal,* o II, se advierten diez apartados de muy diversa longitud y muy claramente separables, aunque Lope, llevado por la prisa y por la asociación de ideas, falle en su composición en dos o tres ocasiones, lo que es poco para un poema relativamente largo.

Desde el verso 157 al 180 trata exclusivamente del *Concepto de tragicomedia,* dividiendo el problema en dos ideas; la mezcla de reyes y plebeyos; y la mezcla de lo trágino y lo cómico. Este 1 empieza: *Elíjase el sujeto...* y llega hasta *que por tal variedad tiene belleza.* El apartado 2 se abre en el verso 181: *Adviértase que sólo esté sujeto,* y llega hasta el 210, tratando exclusivamente de *Las unidades.* De nuevo, la aparición de la voz *sujeto* (*el sujeto elegido...*) nos demuestra que vamos partiendo bien el texto al empezar, en el v. 211, el apartado 3, que llega hasta el verso 245. Este apartado trata de la *División del drama.*

Desde el verso 246 hasta el 297 —apartado 4— nos habla del *Lenguaje.* Destacan dos aspectos principales: el lenguaje en relación con la situación dramática, y en relación con los personajes. Que del 3 al 4 hay un paso grande, que luego explicaré, se nota en que los tres primeros venían siempre unidos con la voz *sujeto,* como hablando de un tema no empezado a componer, con sentido de materia previa o de *invención* que se va a estructurar; y ahora, en el 4, empieza: *Comience, pues...,* es decir, redacte, entre en la *elocución,* lo que nos muestra, una vez más, que el texto se va partiendo él solo, por una serie de palabras clave [40].

Hasta aquí la extensión de estos apartados es considerable. Mas, desde ahora, por la menor importancia de los problemas, desde el punto de vista de Lope, y seguramente por la prisa, veremos cómo los siguientes puntos se van acortando. Así ocurre ya con el 5, que trata de la *Métrica,* y que va (*Acomode los versos...*) desde el verso 305 al 312. Y con el 6, que trata de *Las figuras retóricas,* que se extiende sólo del 313 al 318.

Tras un pareado, empieza el 7, de una forma más abrupta, y sin que haya una indicación clara de parte nueva, si no es, naturalmente, el contexto. Nos habla ahora de la *Temática,* desde el verso 319 hasta el 337. El apartado 8 es el más breve (vs. 338-340) y, sin embargo, tiene independencia y sentido unitario, pues trata de la *Duración de la comedia,* en lo temporal y en la extensión de la escritura. Algo parecido pasa con el 9, sobre el *Uso de la sátira,* que va desde el verso 341 al 346.

Para un dramaturgo que nunca montó sus propias obras, aquí terminaba en realidad su preceptiva. Y así parece que va a ser, cuando escribe:

> *Estos podéis tener por aforismos*
> *los que del arte no tratáis antiguo,*
> *que no da más lugar agora el tiempo,*

pero se acuerda de los decorados y del vestuario, y añade unos pocos versos más (hasta el 361) sobre esta cuestión. Llamemos a este apartado el 10.

---

[40] En total empiezan con la voz *sujeto* las partes 1 ("elíjase el sujeto"), 2 (adviértase que sólo este sujeto), 3 ("el sujeto elegido") (las tres de la *dispositio*). No la 3 y 5 (de la *elocutio*), pero sí la 5 ("acomode los versos con prudencia / a los preceptos"), y no en la 7, 8, 9 (*invenio*) y 10 (*peroratio*). La 3, pues, sería una excepción a la teoría expuesta.

Ordenando todo lo dicho, resulta que en la parte I existen diez apartados fácilmente separables:

1. Concepto de tragicomedia.
2. Las unidades.
3. División del drama.
4. Lenguaje.
5. Métrica.
6. Las figuras retóricas.
7. Temática.
8. Duración de la comedia.
9. Uso de la sátira: intencionalidad.
10. Sobre la representación.

Varias consecuencias se pueden extraer de este esquema. Pero hay una que es inmediata, por lo fundamental, y que no ha sido aprovechada por la crítica. Estos diez núcleos doctrinales se agrupan entre sí en cuatro mayores, y de esta manera encajan sin violencia en los límites de un tratado completo de Retórica clásica. Veámoslo con detalle.

En efecto, parte del concepto de teatro como tragicomedia, el de las unidades y el de la división de la obra, son los problemas de la *dispositio* o *compositio,* o, si queremos, con palabras de hoy, de la *estructura del drama,* tanto interna como externa. A estas tres partes juntas llamémoslas A.

El estudio del lenguaje, de la métrica y de las figuras, tan estrechamente unidos entre sí, forman en la Retórica antigua la *elocutio.* Llamémosle B (esta parte se abría ya, en la mente de Lope, desde el principio, como la *elocución,* al empezarla: *Comience, pues, y con lenguaje casto...*; mientras que las tres partes anteriores empezaban siempre —vuelvo a recordarlo— con la voz *sujeto,* de una forma potencial y no realizada, sino en la mente del poeta que inicia una estructura desde una materia pensada). El estudio de los temas que más gustaban, la duración que se ha de dar a éstos, el uso permitido de la sátira, son la parte C: *invenio* o *invención.*

Y, por último, la parte 10, final y aislada, será la D. Simboliza —cuidado, sólo "simboliza"— la *peroratio* de las retóricas de los oradores: aquí, montaje escénico.

Lope, pues, consciente o inconscientemente, ha compuesto el poema de acuerdo con el hilo conductor de la única visión del mundo literario que tenía desde su aprendizaje en la escuela: la retórica antigua. Era forzada esta ordenación. O la siguió para facilitar su labor de manera consciente, o —como es lógico— afloró, en sus partes y problemas fundamentales, como ordenadora desde el subconsciente de su mente en apuros. Así, Lope configuró su poema, no de una manera impresionista cualquiera, sino de acuerdo con los moldes de la tradición greco-latina literaria, aunque tratara de hablar de un género nuevo, la comedia, antagónico, en parte, a los géneros que la retórica y la poética antiguas describían. Hemos sido nosotros, herederos del positivismo, los que hemos deseado una ordenación anacrónica: la del *Discurso* científico. Y, con ironía no exagerada, podemos decir que incluso han deseado para el poema la estructura del tratado o del libro de texto de primer año de Facultad, de un pedagógico Aproach o de una introducción al teatro barroco español. Con un férreo sistema de preguntas y respuestas, con un índice que respondiese a un programa. Un texto que no fuese una "pálida disertación erudita", sino una corpórea disertación erudita; que no fuese "superficial y diminuto, ambiguo y contradictorio", sino profundo y extenso, tajante y dentro de un dogma estético acabado [41].

Naturalmente, en la ordenación del *Arte nuevo* hay algunas dudas y excepciones. No son muchas. Por ejemplo, el apartado 8, *Duración de la comedia,* tiene una posición bifronte. Por un lado mira a la invención, a la *Temática;* y por otro, y desde un punto de vista más funcional, a la composición o estructura. Por otro lado, en medio de la elocución, vuelve a hablar Lope, de pronto, en los versos 298-304, de la división de la obra, aspecto que correspondía al punto A[3]. Estos dos son los mayores errores de ordenación de Lope, pues el problema de la tragicomedia es inevitable que mire, en cuanto a la mezcla de personas

---

[41] Estas citas entre comillas son de MOREL-FATIO y MENÉNDEZ PELAYO. V. las notas 22 y 23.

y a la mezcla de tonos y formas, a la *invención,* desde la composición. Pero no seamos tan absurdos de creer que las tres partes de la retórica tienen una validez real, y no dialéctica, hipotética, previa. Creo que estas cuestiones son mínimas en comparación con ese orden externo e interno que se encuentra en general en esta parte doctrinal. Por otro lado, siguiendo esta ordenación, sólo se rompe la estructura métrica —que aunque no estrófica, existe en función de los pareados— en sólo dos ocasiones: al pasar del apartado 5 al 6, y del 8 al 9.

Esta ordenación nos permite sacar cinco conclusiones, partiendo de la forma, para llegar al contenido, que son las siguientes:

1.   El *Arte nuevo* se articula en dos líneas: la principal, es decir, la doctrinal (II), nos da, en diez apartados, cómo es la comedia de 1609, y esto lo cumple Lope, más o menos brevemente, pero con precisión, siguiendo los puntos de la Retórica tradicional. La otra línea es complementaria, y radica en la *captatio benevolentiae* de la parte prologal (I) y de la parte epilogal (III). Este segundo camino está dentro de un género específicamente académico, en el peor sentido del término. Mientras que el primero es académico en el sentido más positivo, de doctrinal. Sobre la división de las partes prologal y epilogal —que tanto monta— volveré más adelante.

2.   A un nivel más profundo, el *Arte nuevo* muestra una dinámica de tres fuerzas o elementos que se entrecruzan: la ironía, la erudición y la experiencia de dramaturgo. Al no aislar de salida esta última fuerza, que es la realmente valiosa, la crítica, en general, se ha dejado coger en la triple red del poema sin saber a cuál acudir en cada momento. Son, sin embargo, fácilmente aislables. Desde luego, haciendo una abstracción, e incluso de un modo físico, pues cada una de las tres fuerzas tiene una parte donde específicamente tiende a centrarse. La experiencia recorre victoriosa la parte II; la erudición se asienta sobre todo en la I; y la ironía está concertada de un modo especial en los pareados de todo el poema. (La III es una abreviatura, con sus latines, de la I.)

3.   Estructurar así el texto y ver los resultados es acabar —creo— para siempre, con la nostalgia de un *Arte nuevo* grande

y contundente. Es breve sólo relativamente: si lo comparamos con un tratado de estética del siglo XIX. Como poema escrito en unas circunstancias concretas es del tamaño que es, y guarda un orden tan convencional y escolástico como es el de la vieja retórica. Y dice con la suficiente claridad en la parte II, de acuerdo con su género y "existencia", todo lo necesario.

4. Ahora bien, hay evidente desproporción entre los diferentes apartados. Esta desproporción no se debe sólo a la distinta importancia que esos diferentes problemas tenían para Lope. Desde luego, para él, lo nuevo, lo renovador, era lo referente a la *composición* (A, 1, 2, 3,) y por eso empieza por ahí, y no por la temática; y por eso dedica muchos más versos a los conceptos de tragicomedia o de unidades —que eran los conflictivos— que a los temas o a las figuras retóricas. Pero hay también, sin duda, un cansancio que desproporciona esa parte doctrinal. Porque, si bien los apartados importantes tienen un número de versos aceptablemente comparables (24, 30, 35, 52, 19), otras tienen un número excesivamente corto, aun contando con su menor interés (8, 6, 3, 6, 12). La prisa o el cansancio —y el menor interés, pues en el apartado 7, *Temática,* vuelve con 19 a una cifra semejante a las primeras— parecen llegar con el punto 5, la *Métrica.* Lope opta por concentrar su estilo y logra así uno de los pasajes justamente famosos, por su concreción y precisión, en frases como:

> *las relaciones piden los romances,*
> *aunque en octavas lucen por extremo.*

Después, en el punto 6, se encuentra con algo tan lato y pesado como las figuras de dicción. Y aquí sí que ya no ve solución. Torea de cualquier forma, tal vez con muleta ajena, con los recuerdos de la *Elocución española en Arte,* de Jiménez Patón, el incómodo toro de turno.

El punto 7 era muy importante, los temas, y le da, claro, como he señalado, bastante más espacio, y opta en él por seleccionar problemas. El 8 y el 9 son los que más sufren. Ya aquí se muestra decidido a acabar rápidamente. Por eso, al terminar este punto es cuando, pidiendo excusas por lo abreviados que van estos puntos, dice:

que no da más lugar agora el tiempo.

y

Estos podéis tener por aforismos

Sin duda, no mentía. Era la prisa su mayor enemigo. Pero se acuerda del montaje, y vuelve a él, despachándolo en doce versos.

5. Había gastado demasiado tiempo y espacio en el prólogo. Nada menos que 146 versos. De ahí su prisa ahora. ¿Pero, era esto un fallo? Desde un punto de vista positivista, desde la perspectiva de un tratado científico, sí. Desde el punto de vista de Lope, no tanto. Por dos razones. Primera, porque la gradación de extensión de los diez apartados —a pesar de la prisa— está en función de la novedad e importancia de la doctrina. ¿Cómo dar igual longitud al concepto de *Tragicomedia* que a la *duración de la comedia;* cómo dar iguales versos a las *unidades* que a los *decorados,* sin relevancia en la época; cómo equiparar *lenguaje* dramático en general *a las figuras retóricas,* tema más propio de la retórica de los dómines? Segunda, porque esa pérdida de tiempo, en la parte prologal (I), que en realidad tiñe todo el *Arte nuevo,* era para la estrategia de Lope, como iremos viendo, fundamental. La falta de economía en esa parte era obligada, si quería hacerse perdonar la II.

4. LA SERIE LITERARIA Y EL ESTILO ORIGINAL

Lo primero que sorprende en el poema es la métrica, por ser poco frecuente en la extensa obra no dramática de Lope. Los versos blancos son insólitos en sus elegías, epístolas, églogas, etcétera. Un recuento, si bien ligero, de versos blancos entre los poemas de estos géneros en la colección de *Obras no dramáticas,* de Rivadeneyra, ha arrojado una clara ausencia [42]. Su presencia en el *Arte nuevo* se puede razonar por dos motivos: la necesidad imperiosa de escribir rápidamente y el deseo de ceñirse a un cierto género literario. Lo primero pudo darse —unido al afán de mayor libertad expresiva—, pero sólo como causa accidental y secundaria. Soy de los que creen que el *Arte* —poema enojoso de escribir, propuesto con cierta mala fe, y acometido sin ilusión— fue escrito en una mañana y una tarde, o quizás en una mañana sólo, con el tiempo justo para acudir a la reunión de la Academia, que muy bien podía empezar a las seis, como ocurrió en otra sesión igual o parecida que Lope cita en una carta [43]. A pe-

---

[42] *Biblioteca de Autores Españoles*, 38.

[43] *Epistolario de Lope de Vega Carpio,* ed. de AMEZÚA, Madrid, Real Academia, 1941, III, págs. 77-78: "Fue la primera [sesión] el sábado passado; llamonos [el Conde de Saldaña] a las seys y vino a las diez; salieron tales los poetas de hambre, cansancio y frío, lodos y quexas, que no se si habra segunda, aunque me hicieron secretario y repartieron sugetos." El libro más útil sobre las academias barrocas es el de JOSÉ SÁNCHEZ: *Academias literarias del Siglo de Oro español,* Madrid, Gredos, 1961. En las páginas 47-48 se ocupa en concreto del *Arte nuevo.* Sobre cual sea la academia para la que se escribió el poema, y sobre la fecha, V. J. DE JOSÉ, págs. 3-27. Sus conclusiones son que

sar de ello, como Lope manejaba cualquier estrofa con la mayor
naturalidad, debemos buscar otras causas, no accidentales, que
le llevasen a esa rima blanca o cero (salvo en los pareados), que
desde luego no le vino mal con respecto a esa prisa que tenía.
Hay una tercera causa, intermedia entre la prisa, accidental, y el
género literario, esencial. Se trata de la precisión que podía dar
a su escrito sin el atadero estilístico de la rima. De hecho, sus
verdaderos ensayos de crítica literaria los escribió en prosa. Pero
el problema esencial sigue siendo interno y estilístico: de género
literario.

Desde Vossler a Froldi, se ha mencionado con claridad, aunque de pasada, que el *Arte nuevo* es una epístola al modo horaciano. Lope, desde luego, escribió varias epístolas en verso sobre
temas literarios. Con ello seguía a Horacio y a Petrarca, lo mismo
que a Boscán y a Herrera. Estas epístolas, en castellano, llevaban a veces el endecasílabo suelto, pues eran un intento, como
ha estudiado Navarro Tomás, de asemejar la versificación romance a la latina, ya que el verso sin rima imprimía a la poesía
cierto aspecto clásico [44]. De hecho, los italianos introdujeron el
endecasílabo suelto en traducciones de poesías latinas y griegas,
y en España lo hace Boscán, en busca de una adaptación del
mundo grecoromano, en su *Leandro y Hero*. Garcilaso le sigue
en una epístola dirigida a Boscán. Luego, bastantes, entre ellos
Fray Luis y Francisco de la Torre.

En el caso del *Arte nuevo,* además de esa seriación literaria,
debemos tener muy en cuenta su concreta sociología: se escribe
para una Academia. Y, por tanto, sujeto a una lectura en voz
alta, con sus condicionamientos tanto de extensión, como de gesto
y tono. Es algo dramático— y en este caso en el doble sentido
del término—, como lo es toda peroración académica. Concretamente, el matiz que podemos observar en el dramatismo del
Arte nuevo es el de un soliloquio, con mucho de confesión, ya
irónica, ya con mucho de autodefensa. Así, tenemos que pensar

---

el *Arte nuevo* fue escrito para la Academia de Madrid, por mandato
del Conde de Saldaña. Y que el poema se debe fechar entre 1604
y 1608.

[44] *Métrica española*, Nueva York, 1966, pág. 191.

en la adaptación de la epístola tradicional horaciana a la lección académica, con un público no lector e individualizado, sino oyente que participa, con su presencia viva, en ese soliloquio confesional y autodefensivo.

Horacio se dirige en sus epístolas, en algunas ocasiones, a literatos, como en dos casos a Lollius, joven muy amante de Homero [45]; otras veces habla de filosofía y moral, aconsejando sobre el comportamiento de los grandes y para con los grandes; y, en una ocasión culminante, traza, en su *Epístola ad Pisones,* una auténtica *Arte poética.* Todos estos temas son muy de Lope, que, si no resulta a través de su lírica excesivamente horaciano, sí muestra conocer bien al gran lírico latino.

El verso que más se podía ajustar en castellano al de la epístola de Horacio era el endecasílabo blanco. Y, con él, reúne Lope, para su lección académica, tres cualidades: facilidad, precisión y, sobre todo, género literario establecido, adecuado y grave.

Entre la *Epístola* de Horacio a los Pisones y el *Arte* nuevo hay, además, otras interesantes coincidencias. Tradicionalmente el *Arte poética* de Horacio se divide en tres partes: dos de ellas coinciden con la estructura del *Arte nuevo* de Lope. En una primera se habla de problemas generales y algo vagos. Es corta y tiene un cierto sentido prologal (vss. 1-92 en Horacio; en Lope, 1-146). En la segunda, central, Horacio se enfrenta, casi monográficamente, al teatro (vss. 93-294; Lope, 147-361). Y en la tercera, el protegido de Mecenas trata de la conducta del poeta, tema que a Lope ya no le interesaba abordar en absoluto.

Es especialmente interesante que el poeta lírico por excelencia se dedique en un *Arte* a tratar del teatro extensamente [46]. Creo que este detalle fue decisivo para que Lope se colocase, de

---

[45] *Epístolas,* libro I, 2 y 18.
[46] En realidad en una epístola sobre literatura, escrita por Horacio se esperaría una retórica más que una poética. Es ambas cosas, pero recala en la poética genérica mucho y concretamente en el teatro —la crítica señala que en la *Epistola ad Pisones* aflora como nueva esta preocupación—, pues desde el verso 89 al 284 toca problemas referentes al drama.

una forma refleja, en la serie horaciana, al empezar a redactar su *Arte de hacer comedias*.

Hay, por último, dos consejos literarios que en ambos poetas están tratados de modo semejante: la adecuación entre personaje y lenguaje; y el temor a la sátira demasiado declarada y baja [47]. Así como la coincidencia de que el tópico de las edades y el lenguaje, tan bien desarrollado por Horacio, sea el tema de los versos latinos que van al final del *Arte nuevo*.

Dentro, pues, de la tradición de los antiguos, Lope se planteaba sus contenidos desde la *Poética* y desde la *Retórica* de Aristóteles, para tomar o dejar lo conveniente, y seguir, en cuanto a estructura, tono y género, la base que le proporcionaba el *Arte poética* de Horacio. De las dos poéticas, además de conocerlas, en latín ambas, directamente, Lope tenía un buen conocimiento a través de los comentarios de Francisco Robortello, que las analizó juntas en un volumen que apareció en Florencia, en 1548 [48]. Sin embargo, una lectura de las versiones que a finales de siglo habían hecho del *Arte poética* de Horacio, Vicente Espinel y Luis Zapata [49], no arroja ninguna luz al texto lopiano, aunque sí es interesante ver dos cosas: que ambos traducen en endecasílabos blancos, y que, al dividir Zapata el texto de Horacio en cinco partes, titula la cuarta: *De representaciones y autores de tragedias y comedias*. De la *Poética* de Aristóteles no

---

[47] V. *Parte especial*, 9.

[48] *Francisci Robortelli Utinensis in librum Aristotelis de Arte Poetica explicationes*, seguido de *Paraphrasis in Librum Horatii, qui vulgo de Arte Poetica ad Pisones inscribitur*. Las imitaciones más importantes de Robortello las toma Lope —no obstante— de una tercera obra que aparece encuadernada y hasta paginada con la última: *Explicatio eorum omnium quae ad Comoedia artificium pertinent*. Así se editó también en otras ocasiones como en Basilea, 1555. V. más detalles en J. DE JOSÉ, págs. 52-53.

[49] *El arte poética de Horacio*. Lisboa, 1592. Hay edición facsímile de la Real Academia, Madrid, 1954. Mucho mejor resulta la traducción de Espinel (a quien Lope consideraba su maestro), cuyo lenguaje se aproxima más al del *Fénix* (frecuencia del verbo *mover*: al espectador, por ejemplo). Mas tampoco veo que este texto haya influido en el *Arte nuevo*. Espinel editó la traducción con *Diversas Rimas...* Madrid, 1591. De las *Rimas* hay edición de D. C. CLARKE, Nueva York, 1956. Puede verse el *Arte potéica* en el *Parnaso español*, Madrid, Ibarra, 1768, I, páginas 1-29.

hubo traducción castellana hasta 1626, en que se imprimió en Madrid la de don Alonso Ordóñez de Seijas [50].

En España, Lope tenía delante de sí la ecuación *epístola = teoría teatral* en ciertos autores próximos: Rey de Artieda, en su *Carta al ilustrísimo Marqués de Cuéllar sobre la comedia;* y la Epístola III del *Ejemplar poético* de Juan de la Cueva. Ambas están en tercetos [51]. Después del *Arte nuevo* esta ecuación continuará con más o menos variantes formales. Villegas protesta contra la comedia en una elegía en tercetos, dirigida a Bartolomé, un mozo de mulas; Cubillo dirige una carta a un amigo suyo, nuevo en la Corte, sobre la comedia, escrita en silva; Bartolomé Leonardo de Argensola escribe a un caballero estudiante en tercetos sobre el mismo tema, etc. [52].

Hay que detenerse un momento en Juan de la Cueva, el gran silenciado por Lope, para recordar que en su Epístola III había hablado en términos semejantes a los de Lope. Sobre todo en los tres puntos siguientes:

1)   *Reyes y deidades di al tablado,*
        de las comedias traspasando el fuero.

2)   *Que el un acto de cinco le he quitado,*
        que reducí los actos en jornadas.

(Lope dice que Virués los redujo a tres. Y que él, de joven, los hizo de cuatro, y luego los pasó a tres.)

3)   *Introdujimos otras novedades,*
        de los antiguos alterando el uso
        conformes a este tiempo y calidades.

---

[50] *La poética de Aristóteles dada a nuestra lengua castellana,* Madrid, Viuda de Alonso Martín, 1626. V. sobre ella, GARCÍA YEBRA: *Poética* de Aristóteles, págs. 49-50.

[51] *Preceptiva dramática,* págs. 136-142 y 142-149. El texto completo de CUEVA en "Clásicos Castellanos", ed. Icaza, y en el *Parnaso español,* Madrid, Sancha, 1774, págs. 1-68, donde se publicaba por primera vez.

[52] *Preceptiva dramática,* págs. 244-247. Texto íntegro de la Carta en *Rimas,* ed. Blecua, II, Zaragoza, 1950, págs. 377-381. Y ahora en reedición del mismo en "Clásicos Castellanos".

(Y añade, como Lope, que hubo cómicos, en su caso, sevillanos, que guardaron las leyes, pero que él no las sigue ya.)

Con todos estos antecedentes, con toda esta tradición de contenidos y formas, el poema de Lope, en contra de lo que se dice siempre, me parece de una enorme originalidad estilística. Ante la natural imposibilidad de analizar su estilo verso por verso, voy a concentrarme en el estudio de sólo cinco puntos, que creo serán suficientes: 1) la función múltiple del pareado; 2) la ecuación *pareado = aforismo*; 3) la presencia continua del *yo*; 4) la flexibilidad de los cambios de tono; y 5) la asociación de ideas.

1) *La función múltiple del pareado*: La primera gran originalidad de Lope es cambiar la seriedad de la epístola en tercetos que, con su continua recurrencia, atadura y encadenamiento de rimas y su determinada especificación genérica resultaba un poema doblemente grave, por otro que, siendo igualmente culto, y de mayor tradición, pues entronca con la epístola latina, le permite, por su mayor flexibilidad y ligereza, representar mejor un soliloquio —leer con gracia representada— ante un público. A ello añade un truco verdaderamente teatral, los pareados. Vossler vio en ellos una función exclusivamente ironizante. Creo que la función es múltiple. Además de esa ironía, producen una teatralizacion que consiste en ese golpe fonoestilístico y semántico (gusto-justo; debe-aleve; agravios-labios; entiende-ofende; vicio-artificio, etc.) que se acompaña, al final de cada período, del levantar los ojos del papel y mirar por encima de él a su público con el gesto equívoco, entre el arrepentimiento y la burla, en soliloquio tragicómico. Ramón Gómez de la Serna diría, en su lenguaje característico, que cada parada, cada llegada a los pareados es el sombrero en alto de los circenses, a modo de elegante mueca, elegante pirueta.

Tienen también los pareados, por contraste, una función, si teatral y dramatizadora, desdramatizadora, consistente en indicar que aquí no pasa nada, que se habla de cosas de poco momento, que se representa más que se vive.

Y tiene todavía una función más seria, si no más importante, que es la de unir fondo y forma en los momentos fundamentales, por medio de lo que llamaremos *estilo de aforismos*.

2) *La ecuación pareado = aforismo*: En efecto, uno de

los ejes estilísticos del poema, dada su ligereza y su natural brevedad, es el aforismo. Por eso no resulta nada chocante que algunos críticos de los que más han atacado el poema por ligero señalen que algo debe tener cuando se recuerdan de él versos enteros. Lo que tiene es precisamente unos aforismos de contenido, en forma de mnemotécnicos pareados. Nada invento. Lope lo dice de una forma rotunda. Cuando ya no le queda tiempo y echa un vistazo y se da cuenta que en los últimos apartados de la parte doctrinal ha sido un poco escueto, resume:

> *Estos podéis tener por aforismos*
> *los que del Arte no tratáis antiguo*
> *que no da más lugar agora el tiempo.*

(vs. 347-49.)

Todo ha pasado muy de prisa. Al escribirlo y al leerlo. Yo he hecho la prueba de leer el poema en voz alta, y he tardado unos veinticinco minutos. En esa brevedad, ha tenido que ocuparse de muchas cosas. Y ha podido hacerlo gracias a esos aforismos que quedarán flotando en la memoria de todos los académicos de entonces y de ahora. No son aforismos conceptistas, nada más lejos de ellos que el estilo de las empresas o motes. Son aforismos muy naturales, muy abiertos en la expresión y muy cerrados en ese binomio que forman —fónico, morfológico, semántico como ha estudiado el formalismo ruso— las dos voces del pareado [53].

Tan bien le pareció a Lope esta mezcla de verso blanco y pareados, y tan conscientemente artista fue al emplearla, que unos meses antes, o tal vez sólo unos meses después del *Arte nuevo* (sería interesante concretar este punto), en *Lo fingido verdadero,* fechada con interrogación en 1608, al hablar largamente de la comedia española, en un diálogo entre el representante Ginés y Diocleciano, en una especie de pequeño *Arte nuevo,* vuelve a emplear el verso suelto y los pareados en los finales de párra-

---

[53] V. TODOROV: *Théorie de la littérature. Textes des formalistes russes,* París, Du Seuil, 1965, y JAKOBSON: *Questions de poétique,* París, Du Seuil, 1973.

fo, con sentido de aforismos. Alguna de las rimas son iguales a las del *Arte nuevo* (*arte / parte*). Y es de notar que en *Lo fingido verdadero,* con estas dos palabras, cierra una defensa completamente directa de la comedia nueva, mientras que con las mismas veces en rima, en la parte prologal del *Arte nuevo,* cierra un "palinódico" párrafo. La diferencia radica en la sociología de las dos obras: en el lugar y en el público [54].

3) *La presencia continua del yo*: El insistente primer plano del *yo* ante, no un lector, sino un público que le escucha leer —"representar"— es un rasgo formal muy importante para la perspectiva del texto. El punto de vista es siempre ése, el de mediatizar entre la doctrina y el oyente su propio *yo,* ya captador de benevolencia, ya irónico. Esto tiñe de un subjetivismo vitalista el texto de Lope. Esto hace del poema un texto vivo y, por tanto, a ratos escurridizo. Sólo estando allí, en su lectura, se podía intentar entender plenamente. Es todo lo contrario del puro diálogo renacentista, donde las doctrinas caminan solas, entre interlocutores reales o imaginarios. Aquí, como en la novela barroca, como en las *Novelas a Marcia Leonarda,* el *yo* del expositor está siempre presente [55]. Desde la primera palabra, *Mándanme,* el *Arte* es un continuo dirigirse del *yo* al *vos.* Sólo un análisis de los dieciséis primeros versos nos da: *mándanme; excederéis; os escriba; fácil para vosotros; cualquiera de vosotros que más sabe de todo; lo que a mí me daña; no porque yo.*

Se dirá que esto es materia prologal, y así es en efecto, pero el *yo* no desaparece ni en los momentos más doctrinales, ya sea de forma directa, como *Sabe Dios que me pesa de aprobarlo,* o *Yo hallo que...,* o *Y yo las escribí;* o haciendo relación al contorno histórico: *Filipo..., Señor nuestro;* o entre paréntesis, con

---

[54] *Obras de Lope de Vega.* Madrid, Atlas, 1964, págs. 76-77 (BAE, 177): Dame una nueva fábula que tenga / más invención, aunque carezca de arte; / que tengo gusto de español en esto, / y como me le dé lo verosímil, / nunca reparo tanto en los preceptos, / antes me cansa su rigor, y he visto / que los que miran en guardar el arte, / nunca del natural alcanzan parte. / (Cf. con el *Arte nuevo*: que lo que a mí me daña en esta parte / es haberlas escrito sin el arte). Otro ejemplo: porque hable en necio, y aunque dos se ofendan / quedan más de quinientos que le entiendan.
[55] V. la ed. y el prólogo de FRANCISCO RICO, Madrid, Alianza, 1968.

una fórmula también muy teatral, de acotación, que se ha de leer con un susurro irónico: (*perdonen*[*me*] *los preceptos*).

Este hecho da al poema esa vitalidad y galanura especial que tiene todo lo de Lope, donde no se sabe, si no se analiza, dónde está el natural y dónde el arte, dónde lo consciente y dónde lo adquirido en miles y miles de versos leídos y escritos cotidianamente. Muestra también ese desenfado con que Lope —sígase la secuencia de sus cartas y aun de sus retratos con galanos bigotes, de joven a viejo, que ha estudiado Lafuente Ferrari— nos sorprende en vida y obra [56].

4) *La flexibilidad de los cambios de tono.* El texto, al lado de la ironía, del desenfado, de los primeros planos del *yo,* muestra la categoría lingüística del poema culto barroco. Lope, maestro de la flexibilidad, sabe compaginar las dos cosas y cambiar de tono a tiempo. Enfrentemos un par de ejemplos. Primero, el principio del poema con toda su solemnidad de un poema épico-culto:

> *Mándanme, ingenios nobles, flor de España*
> *(que en esta junta y academia insigne*
> *en breve tiempo excederéis no sólo*
> *a las de Italia, que, envidiando a Grecia,*
> *ilustró Cicerón del mismo nombre,*
> *junto al Averno lago, si no a Atenas,*
> *adonde en su platónico Liceo*
> *se vio tan alta junta de filósofos),*
> *que un arte de comedias os escriba*
> *que al estlio del vulgo se reciba.*

Notamos en él un expresivo, por abrupto, imperativo, ayudado de dos sintagmas en vocativo, elevadores, seguidos de un larguísimo paréntesis digno de las *Soledades* gongorinas, en el que el peso fónico de las resonancias míticas y clásicas —Cicerón, Averno, Atenas, Liceo— se une al continuo hipérbaton —*Averno lago, platónico Liceo*— y a la fórmula *A, sino B.* Todo ello remachado por un léxico de brillo y altura que lucha

[56] *Los retratos de Lope de Vega,* Madrid, 1935.

por escalar lo alto: *exceder, envidiar, ilustrar,* en los verbos; *nobles, insigne, alto,* en los adjetivos. Para después dar un quiebro y caer casi en una prosa administrativa, sin hipérbaton, llena de sencillez. Este cambio de estilo marca la pauta entre los *nobles ingenios* —todo elevación— y el vulgo —sin adjetivos y hasta con tono descendente.

En el otro ejemplo (vss. 205-208) va a decir algo muy transcendente para su teatro, y aún para la cultura española, como lo entendió Bergamín, que quedó subyugado para siempre con estos versos:

> *Porque considerando que la cólera*
> *de un español sentado no se templa*
> *si no le representan en dos horas*
> *hasta el Final Juïcio desde el Génesis.*

Aquí la fuerza expresiva no busca solemnidad, sino despertar la imaginación. Por medio del encabalgamiento con palabra proparoxítona que enlaza con otra oxítona *(cólera / de un español)* y de una serie de bien colocadas aliteraciones de *e-a,* y sobre todo de *ó,* que nos golpea los oídos como lo harían los mosqueteros de un corral de comedias, hasta llegar a ese último verso, que mide nada menos que la historia teológica del género humano, a modo de un abreviado auto sacramental, que nos lleva a la mayor distancia que podemos pensar en términos histórico-cristianos. El verso está potenciado fónica, morfológica, sintáctica y semánticamente, al máximo. En primer lugar, invierte los términos temporales, por medio de un hipérbaton, con lo que se aumenta el retraso de nuestra comprensión, y, por tanto, se potencia la longitud mental de la distancia histórica. En segundo lugar, se invierte el sintagma lexicalizado *Juicio Final,* con lo que el adjetivo aparece como relevante epíteto, alargando la ultimidad de su campo semántico. En tercer lugar, se estira con la diéresis, en una sílaba fundamental, la sexta del endecasílabo sobre la palabra clave, con lo que se recrea y se detiene. Y, por último, hace proparoxítono el verso con la necesaria relevancia para el vocablo clave *Génesis.* Un estudio completo del estilo del *Arte nuevo* daría muchas sorpresas semejantes.

5) *La asociación de ideas.* El último rasgo estilístico que voy a considerar está muy en relación con la censura en torno al desorden del *Arte nuevo*. Lope trabaja, seguro de sí mismo, dejándose llevar por asociaciones de ideas, que hacen su poema más natural e interesante, y a veces provocan ciertos desajustes de orden. Desajustes relativos, que serán graves si se les compara con los parágrafos de un trabajo de un lingüista o de un matemático; pero normales si se les compara con los de un poeta. Esto causa una grata fluidez y también la pérdida del hilo en algunas ocasiones. Pondré un ejemplo un poco largo, que me parece característico. El verso 211 empieza, muy objetivamente, hablando de hacer un pequeño guión de la comedia, antes de escribirla, en el que se reparta y se ordene el material en tres actos. De este doctrinal punto pasa a un plano histórico, por evidente asociación, recordando el número de actos (y tal vez porque quiera ir a la contra de Juan de la Cueva, que se le ha cruzado en su mente en ese momento), y habla del capitán Virués que puso en tres jornadas la comedia. La idea de pasar de cuatro a tres se asocia en su mente al cambio de los niños de cuatro a dos pies, cuando, dejando de andar a gatas, empiezan a caminar erguidos. Esto le hace exclamar que entonces "eran niñas las comedias". Y la voz *niñas* le recuerda su infancia, y no puede evitar contarnos que él hacía las comedias, siendo casi un niño, *de a cuatro actos*. Aquí podría cerrar el vuelo asociativo, pero sigue, llevado por la evocación autobiográfica, tan propia de él, al añadir: "Cada acto un pliego contenía." Y de ahí pasa a recordar que entre pliego y pliego iba un entremés, y de ahí a hablar, con lo que regresa al plano erudito, de la opinión de Aristóteles, Platón, etcétera, sobre el baile.

5. FINAL: AGUJA DE NAVEGAR LOPE

¿Por qué actúa Lope de Vega así, con buscadas palinodias y ambigüedades? ¿Qué intención le mueve al obrar así? Estas dos preguntas han interesado mucho a la crítica, yo diría que más todavía que la única pregunta de verdad fundamental: ¿qué doctrina encierra el *Arte nuevo*? Pero Lope tendió tan sutilmente las redes a los académicos que todavía caen hoy en ellas bastantes lectores del texto, a tres siglos largos de distancia.

Opinar que el *Arte* es palinódico, poco sistemático, o que es diminuto, o que es pedante y erudito, etc., es pecar contra la teoría literaria y el sentido común. Es no tener en cuenta el género literario a que pertenece, el momento en que ese género vive, y las circunstancias concretas de Lope en ese día en que lo leyó en una academia. No se podrá negar que tiene defectos. Pero, salvo que hagamos una crítica normativa, lo que importa no son ciertos defectos parciales, sino el resultado final. Por eso el que Lope, por prisa o por improvisación, muestre algunos pasajes algo difíciles y ambiguos, o estilísticamente blandos es un problema muy secundario. El grado de perfección de Lope, en términos relativos, en comparación, por ejemplo, con un Herrera o un Góngora, es siempre limitado, ya sea en *Fuenteovejuna,* en las *Rimas sacras,* la *Jerusalén* o el *Arte nuevo.*

El *Arte nuevo* es como es por una serie de razones históricas, y no hay más razones esenciales que dar; tiene la poética que tiene y no hay que buscarle una ajena para racionalizarla.

Es una criatura viva y completa —incluso en sus defectos— y
es soñar querer pensarla y desearla de otra manera. El raciona-
lismo primero, y después el historicismo, hubiesen deseado un
tratado orgánico y extenso en prosa, tal vez latina, con divi-
siones y subdivisiones, con largas y profundas y germánicas
apreciaciones sobre el género comedia nueva. Sería lo mismo
que si nos quejáramos porque Rinconete y Cortadillo no sigan
sus apenas iniciadas aventuras, o porque Cervantes, en el capítulo 48 del *Quijote* de 1605 no dé ciertos nombres de autores
y obras al hablar de la comedia de su tiempo.

El *Arte nuevo* está circunscrito a tres hechos de los que
no pudo salir, que lo explican y lo completan históricamente:
el ser un trabajo para una Academia del siglo XVII; el ser Lope
discutido y admirado, hasta el colmo, como hombre y literato,
y el pertenecer a la clase baja y haber sabido vivir a su aire
y prosperar mediante una personalísima moral.

¿Qué se podía esperar de un trabajo para leer en una Academia barroca? La Academia se reúne..., por ejemplo, los miér-
coles a las seis de la tarde; a veces el patrón —léase la corres-
pondencia de Lope— llega a las diez [57]. Hay que cotillear las
nuevas literarias, y también las políticas, del día, de la semana.
Hay que leer versos de circunstancias, hay que planificar un
poco la sesión siguiente. La Academia se abre, tal vez, con
una peroración que se fijó la semana pasada. Tal vez se le haya
marcado al disertante un límite de tiempo. Si no, la costumbre
lo marca. El *Arte nuevo* leído —"representado"— despacio
dura —como ya dije—, entre veinte minutos y media hora. Y
esa es su medida. Y ya está. (Se acabó su brevedad.)

Por si acaso comprobemos, comparémosle. Soto de Rojas,
por los mismos años, inauguró —lo que hace la ocasión más
solemne— la *Academia salvaje*. Lo hizo con un *Discurso sobre
la poética* [58]. Soto es hombre, sin duda, concienzudo en todo
lo que hizo. Es un meditador en su *Paraíso cerrado* desde antes de tenerlo. Es un poeta especialmente culto y abierto a lo

[57] V. nota 43.
[58] *Obras*, ed. de GALLEGO MORELL. Madrid, CSIC, 1950, págs. 25-33.

antiguo y a lo reciente [59]. ¿Y qué *Poética* nos da? Lo natural
en tal situación: unos breves apuntes, casi telegráficos, sin originalidad, sobre imitación, figuras y metros. Más de la mitad
lo gasta en versificación. Y, con razón, tiene que decir: "Prolixa
cosa fuera dar medida a la multitud de diferencias que usan*
en verso los castellanos." Y acaba, ante esa natural brevedad:
"Mi voluntad es muy mayor que el discurso, y aunque mi ingenio y estudios más cortos, ellos crecerán, y él se alentará
en la doctrina y calor de tan sabios maestros, a quien respete
el tiempo, &c." [60].

El texto de Soto de Rojas no es equívoco, porque lo que
dice no le atañe como creador de un género. Es la doctrina
culta corriente en su época; es breve, naturalmente, como leído
en una Academia; es superficial, pues nadie podía pedirle allí
un nuevo planteamiento de la doctrina; naturalmente, cita a
Aristóteles y a Herrera, y a Jenofonte y a Mancinelo, y a Cicerón y a Horacio, y a San Agustín y hasta a San Pablo. En
última instancia, la gran diferencia entre el texto de Soto y el
de Lope es que el primero estaba ya muerto cuando se leyó, y
el segundo empezaba a vivir al leerse. Y los seres vivos pre-
sentan ciertos problemas de comprensión.

Lope fue un hombre discutido que tuvo problemas literarios con media docena de frentes literarios. Pues bien, casi
siempre ganó, y lo hizo empleando una estrategia nada impro-
visada. Estuvo enfrente del *Quijote* y de Cervantes; enfrente del
gongorismo y de Góngora; tuvo como enemigos a una caterva
de neoaristotélicos, al mando visible de Torres Rámila y Mártir
Rizo que le afeaban, tanto su *Jerusalén* como su teatro; le pla-
gió Marino cuanto quiso, etc. ¿Y cómo se comportó? ¿Levantó
la voz exageradamente? ¿Se acaloró más de lo debido el impetuoso Lope, el que había nacido para amar o para odiar?
Empleó una estrategia, con frecuencia meditada e indirecta.
Se sitúa, y esto es vital para entender el *Arte nuevo,* por encima

---

[59] V., además de los excelentes libros, ya clásicos, de Gallego Morell
y Orozco, mi reciente artículo "Marino frente a Góngora en la lírica
de Soto de Rojas", *Homenaje a la memoria de don Antonio Rodríguez-
Moñino,* 1910-1970, Madrid, Castalia, 1975, págs. 583-594.
[60] Ed. cit., pág. 33.

de las minorías, porque se siente apoyado por la masa de mayorías, intentando —claro que sin conseguirlo— estar "au dessus de la mêlée". Su fama no era tan menguada —ostentaba— como para defenderla a capa y espada.

No era, además, por naturaleza, un satírico, y sí un hombre con una inmensa simpatía. Prefería aislar al enemigo por medio de esa simpatía, rodeándose de defensores incondicionales. Y en caso de peligro lanzar a éstos en vanguardia. El montaje de la *Expostulatio Spongiae* no es otra cosa [61]. Los ataques en carta privada al *Quijote* [62] y la aparición del de Avellaneda muestran lo mismo. Contra el gongorismo las más veces muéstrase circunspecto, con cartas y elogios, mientras que utiliza baluartes, directos o indirectos, como el Príncipe de Esquilache [63]. A Marino, ¿por qué atacarle, por qué reprocharle sus robos literarios? [64]. ¿No era mejor hacer correr la voz de que el gran Marino se nutría de sus obras?

Siendo así, ¿por qué en el caso del *Arte nuevo* iba a usar estrategia distinta? Iría y vencería a su aire. Le habían pedido que resolviese la cuadratura del círculo en siete días, como dice Montesinos [65]. Objetivamente no era posible, pero sí dando por un lado el círculo y por otro el cuadrado. Escribió una parte doctrinal, donde estaba el círculo de su teatro, y la rodeó de un epílogo y un prólogo que, entre ironías y reverencias, cuadriculaban el círculo.

Es el momento de dedicar un párrafo —como antes prometí— a la estructura de las partes I y III. La I tiene tres apartados. El 1 (vs. 1-48) es el trozo más evidentemente prologal, es estrictamente una *captatio benevolentiae,* con el *mea culpa* de la comedia bárbara y la petición de gracia en vista

[61] V. ENTRAMBASAGUAS, capítulo IV de "Una guerra literaria del Siglo de Oro" (en *Estudios sobre Lope de Vega*), Madrid, CSIC, 1946, I, págs. 417-580.

[62] *Epistolario,* ed. cit., III, pág. 3.

[63] V. OROZCO: *Lope y Góngora frente a frente,* Madrid, Gredos, 1973.

[64] DÁMASO ALONSO: "Marino deudor de Lope (y otras deudas del poeta italiano)", en *En torno a Lope,* Madrid, Gredos, 1972, páginas 15-108.

[65] MONTESINOS, op. cit., págs. 6-7.

de que él ha hecho lo que ha podido para mejorar las horribles comedias que antes había, poniendo "un medio" entre la regla y el aplauso. Contra esto salió al paso Tirso de Molina, en una frase fundamental, que he destacado entre los temas que encabezan este libro. No faltan las abundantes ironías, sobre todo al principio, cuando se siente molesto por la encerrona y les dice que a cualquiera de ellos le sería más fácil hablar del tema. Había allí muchos aficionados, abubillas que leían algún sonetillo en una academia y lo publicaban en los preliminares de algún libro, que ahora disfrutaban ante el aprieto del cisne enjuiciado.

El segundo núcleo (vs. 48-127) es la parte erudita por excelencia: "No vayáis a creer —dice— que yo no sé las reglas, las sé desde niño." Y da primero la teoría y después la historia erudita del teatro antiguo. Este núcleo, específicamente erudito, sigue teniendo, genéricamente, función prologal. Por dos razones. Sigue jugando la palinodia teórica mientras que se afirma en el hecho consumado de su teatro. (¡Mirad si hay en las nuestras pocas faltas!) Y demuestra respeto teórico a los clásicos y por tanto al auditorio. Con su robortellesca erudición no sólo paga tributo a su vanidad y a su época, sino que se capta la benevolencia del auditorio. En un país tan teórico como Francia, donde la creación —a menudo perfecta y pobre— se redondea con la teoría, con la racionalidad de la creación, armaron una *querella* terrible, pocos años después, sobre los antiguos y modernos. En un país como España, casi ayuna de teorías, plena de creación vitalista, el discutir teorías era baladí, si se dejaba hacer la santa voluntad de los creadores. Y más si se buscaba lo que llamó Bergamín la *santísima voluntad* del pueblo [66]. Esto ya lo vio don Marcelino en sus *Ideas estéticas*: menos teorías y más hacer lo que se quiera... ¡en arte!

Vivir mal, escribir mal, es decir, fuera de la norma, no era tan grave como teorizar fuera de la norma. ¡Que lo diga la Inquisición! Y el propio Lope, que tuvo que hacer malabarismos para vivir mal y teorizar bien. Sobre todo en amor.

Por último, hay un tercer núcleo en el *Prólogo* donde se

---

[66] *Mangas y capirotes*, Madrid, Plutarco, 1933, pág. 115.

justifica de la justificación. Y donde se decide a concluir con las famosas anáforas ya comentadas, *Si pedís arte / si pedís parecer*.

El epílogo (o parte III), aunque mínimo, vuelve a tener tres apartados. La típicamente prologal (vs. 362-76):

> *Mas ninguno de todos llamar puedo*
> *más bárbaro que yo...*

La erudita, que es sacarse de la manga unos versos latinos que refuercen su posición culta y de respeto a los mayores, que empiezan con el topicazo moralista:

> *Humanae cur sit speculum comoedia vitae.*

Para finalizar todo el poema en un tercer apartado, de sólo tres versos, paralelo al de *Si pedís arte / parecer*. El primer verso hace un pareado con el último latino, lo que parece broma, y los otros dos son naturalmente el pareado final. En ellos se resume la justificación de la justificación:

> *Oye atento y del arte no disputes*
> *que en la comedia se hablará de modo*
> *que, oyéndola, se pueda saber todo.*

(vs. 387-89)

Lo había dicho una vez más un poco antes, en lo que llamó Montesinos la palinodia de la palinodia: *Sustento en fin lo que escribí* [67]. Eso sí, con todo respeto a los clásicos, al principio de autoridad. Con palabras de los humoristas de hoy: dentro de un orden.

¿Es que Lope —y es la última pregunta— era así como hombre? ¿Era un estratega del vivir? No, dicho así; pero sí de una manera cercana, grata a un gran lopista, José Bergamín: tenía un gran manejo de *la aguja de navegar hombres* [68]. Y, cla-

---

[67] MONTESINOS: op. cit., pág. 7.
[68] BERGAMÍN, al frente del libro de Azorín, *Lope en silueta*, Madrid, Cruz y Raya, 1935, dibujó una inteligente *Aguja de navegar Lope*.

ro está, mujeres. Fue un improvisador de su vida, pero desde unos presupuestos de clarividencia innatos, como es un improvisador de comedias desde unos principios que la experiencia y su talento le han proporcionado, y que rigen con maestría incluso en obras mediocres. Es un improvisador por exceso de simpatía y de facilidad, respectivamente, en su vida y obra. No es un racionalizador. Va a las cosas y los seres dispuesto a darse, porque sabe que así se le entregarán. Nunca responde con otra pregunta, a lo gallego: responde con su presencia. Lo que no deja de ser una buena táctica. Dar y recibir. Como en el amor. Así obró en sus amores: para lograr mucho, dio antes mucho. No es tanto un edonista, como un apasionado imaginativo. Acusado de carnal, dijo esta frase genial: *Soy como el ruiseñor, que tengo más voz que carne.* Bergamín, con su estilo inimitable, ha dicho que pecaba mucho amando y amaba mucho pecando [69].

Era el hijo de un bordador que había llegado a la fama literaria, y tuvo que ir a decirles a los seudocultos y cultos cómo era su arte. Allí había poderosos de las letras y de la nobleza. ¿Daría un escándalo romántico, como le pediría Morel-Fatio? En absoluto. Obraría barrocamente. Escribió un prólogo de va y ven, voluntariamente (y forzadamente) conflictivo y equívoco, escurridizo, y luego soltó, en la parte central del texto, su doctrina. Y lo hizo todo divirtiendo, teatralmente y con ironía. Luego lo cerró todo con un epílogo-prólogo. El hijo del bordador, que llegó a Frey Lope Félix de Vega Carpio, que fue consentido en su amancebamiento y su sacrilegio, que fue llorado por toda España al morir, sabía de navegaciones barrocas de vida y letras. Sabía de un orden desordenado.

Sus cartas son el mejor argumento. Sin salir de las cuarenta primeras, por ser de fechas idénticas, o próximas, al *Arte nuevo,* hallamos en ellas, entre otras estrategias, un ataque en carta particular al *Quijote,* indicando que es Cervantes el que no puede ver sus comedias; gestión secreta con un amigo para que levanten la censura de una comedia suya; defensa ante un noble de

---

[69] *Lope, siguiendo el dictamen del aire que lo dibuja,* Madrid, Cruz y Raya, 1935, pág. 48 (tirada aparte del núm. 23-24 de Cruz y Raya dedicado a Lope de Vega).

su discípulo Vélez de Guevara; pone por las nubes al maestro Bartolomé Jiménez Patón, al que tendrá siempre por impetuoso defensor; previene al de Sessa de peligros y le hace patente lo peligrosas que pueden ser las cartas durante su destierro. Le aconseja estrategia de humildad.

Hay una carta que muestra a modo de empresa de Saavedra Fajardo, pero casera, una intención equivalente o aplicable a la del *Arte nuevo*. Es la carta 18. En ella aconseja al duque humildad para con un noble que no le ha tratado bien, y le dice por qué:

> La prudencia del que negoçia es humillarse hasta alcanzar: que assi haze el caldero en el pozo, que baxa, baxa hasta que saca el agua que ha menester, y quédase fuera [70].

¿No es ésta la estructura del *Arte nuevo*? ¿Bajar, bajar, revolver aguas, para quedarse fuera con su arte, tras lograr haberlo expuesto al auditorio?

---

[70] *Epistolario*, ed. cit., III, págs. 22-23.

PARTE ESPECIAL

EL CONTENIDO DOCTRINAL

Estos podéis tener por aforismos
los que del arte no tratáis antiguo
que no da más lugar agora el tiempo.

(LOPE DE VEGA: *Arte nuevo.*)

Hay hombres tan supersticiosos de la antigüedad que, sin más abono de que hace muchos años
que uno dijo una cosa, la siguen tenazmente.

(BARREDA: *Invectiva de las comedias.*)

1. CONCEPTO DE TRAGICOMEDIA

Elíjase el sujeto, y no se mire
(perdonen los preceptos) si es de reyes,
aunque por esto entiendo que el prudente
160 Filipo, rey de España y señor nuestro,
en viendo un rey en ellos se enfadaba,
o fuese el ver que al arte contradice,
o que la autoridad real no debe
andar fingida entre la humilde plebe.
165 Esto es volver a la comedia antigua
donde vemos que Plauto puso dioses,
como en su *Anfitrïon* lo muestra Júpiter.
Sabe Dios que me pesa de aprobarlo,
porque Plutarco, hablando de Menandro,
170 no siente bien de la comedia antigua;
mas pues del arte vamos tan remotos,
y en España le hacemos mil agravios,
cierren los doctos esta vez los labios.
Lo trágico y lo cómico mezclado,
175 y Terencio con Séneca, aunque sea
como otro Minotauro de Pasife,
harán grave una parte, otra ridícula,
que aquesta variedad deleita mucho;
buen ejemplo nos da naturaleza,
180 que por tal variedad tiene belleza.

(vss. 157-180)

Tras el prologuillo de nueve versos, *Si pedís parecer de las que agora / están en posesión,* que, como vimos, separa la parte prologal, con la simetría *Si pedís arte,* de la doctrinal, Lope comienza el estudio sistemático de los diez puntos fundamentales que distingue en su teatro. Y es lógico que el primero sea el concepto de tragicomedia, porque es la ruptura más grave con el arte antiguo, como él mismo señala después, al defenderse de romper las unidades, con esta frase: *Porque ya le perdimos el respeto / cuando mezclamos la sentencia trágica / a la humildad de la bajeza cómica.* En la afortunada expresión de Blecua, Lope empieza "perdiendo respeto a Aristóteles" [1] por la ruptura más grave, y no por alarde, que todo el *Arte nuevo* es maestro de humildades y modestias, falsas y auténticas, sino porque es el concepto capital del teatro no clásico. Es decir, del teatro que no es greco-romano-galicista. Trágico-cómico es total o parcialmente el teatro medieval, el isabelino, el romántico, el valleinclanesco, el brechtiano y el teatro del absurdo.

Esta parte se divide claramente en dos secuencias que dan, por sí solas, el significado bifronte del texto: la primera (vs. 157-173) aborda el problema del contenido, rey más plebe, que atañe —aunque tenga luego consecuencias formales— primariamente a la invención; la segunda (vs. 174-180), la mezcla de lo trágico y lo cómico, busca el problema de la alternancia de tonos y formas, que atañe más a la composición.

La primera parte está equívocamente interpretada por Juana de José y otros, como señalé, cuando piensa que se trata de la "libertad absoluta de la elección de temas", y de un concepto romántico del teatro. Se trata, como iremos viendo, llanamente, del concepto de tragicomedia y de un teatro nítidamente barroco.

En efecto, Lope (y de ahí la división en dos partes en mi explicación) atiende a la concepción griega del teatro, separando personajes y mezclando niveles de seriedad. Aristóteles define la comedia: "Imitación de hombres inferiores, pero no en toda la extensión del vicio, sino que lo risible es parte de

---

[1] "Perdiendo respeto a Aristóteles", en *Arriba,* Madrid, 8-IV-1962.

Aristóteles visto por un pintor renacentista español, Pedro Berruguete
(Museo del Louvre)

lo feo. Pues lo risible es un defecto y una fealdad que no causa dolor ni ruina" [2]. Mientras que la tragedia es "imitación de hombres esforzados en verso" [3]. Hay ya una clara distinción de los personajes en *inferiores* y *esforzados*. Esta distinción psicológica se hacía, de hecho, en el teatro griego. Distinción de clase social (el esforzado era el rey, el príncipe, el noble, el héroe). La tradición que nos llega en ediciones y versiones desajustadas de la *Poética* hace más clara esta separación. Una, que circula mucho hoy, dice: "Personas de calidad moral y psíquica inferior", frente a "seres de elevado valor moral y psíquico" [4]. Goya y Muniáin dijo: "Retrato de los peores", frente a "sugetos ilustres", sintagma bien expresivo [5]. En tiempo de Lope, el aristotélico Mártir Rizo, en una poética inspirada en Aristóteles (que no traducción libre, como cree Entrambasaguas y rebate García Yebra) [6], dice: "Unas son imitaciones de la acción de personas particulares como es la comedia, otras... de personas illustres" [7]. La idea llega clara a Moratín, que pide que busquen —las comedias— en la clase media de la sociedad los argumentos, los personajes... "No usurpe a la tragedia sus grandes intereses" [8]. Juan de la Cueva lo había expuesto de modo más social aún, dando distinciones de clase, "héroes, reyes, príncipes notables", y otra vez señalando la unión en la comedia de reyes y "el sayal grosero" [9]. Por último, como contrapeso de un científico de tiempos de Cueva, escuchemos al Pinciano: "La tragedia ha de tener personas graues, y la comedia comunes" [10].

---

[2] ARISTÓTELES: *Poética*, ed. de García Yebra, págs. 141-142.

[3] *Id.*, pág. 143.

[4] *Poética*, en *Obras*. Traducción y estudio de F. SAMARANCH, 2.ª ed. Madrid, Aguilar, 1962, pág. 81.

[5] *El Arte poética de Aristóteles en castellano*, por D. JOSEPH GOYA y MUNIAIN. Madrid, Benito Cano, 1798, pág. 15.

[6] V. GARCÍA YEBRA, pág. 73.

[7] *Poética de Aristóteles traducida (sic) de latín*. Ilustrada y comentada por JUAN PABLO MÁRTIR RIZO, ed. de Margarete Newels. Colonia, 1965, pág. 32.

[8] BAE, II, págs. 321-322.

[9] *Preceptiva dramática*, págs. 75 y 143, respectivamente.

[10] *Filosofía antigua poética*, Ed. de Carballo, Madrid, CSIC, 1953, III, pág. 19.

Para Lope elegir un tema de Rey quiere decir elegir un personaje de tragedia, que luego, por la estructura de sus obras, andará mezclado con la humilde plebe. Lope lo aclara con dos rodeos. El primero es típicamente de su época. Explica que Felipe II, poco amante del teatro, como es sabido, y mucho de la *imagen real,* no gustaba de ver un rey como personaje. Lope deja la disyuntiva —hábil disyuntiva, como siempre—: o era porque "el prudente / Filipo, rey de España y señor nuestro" veía que esto iba contra las reglas de los aristotélicos; o era por razones de dignidad real. Naturalmente que a Felipe II la poética teatral le traía sin cuidado, pero no la política en el teatro.

El segundo rodeo es más técnico. Plauto puso en su *Anfitrión,* una comedia, a Júpiter. Caso flagrante de mezcla —sin ironía— de "clases sociales". Este ejemplo lo toma Lope de Robortello, como Morel-Fatio indicó. Copio, resumido, a pie de página el texto del italiano [11]. Lo del *Anfitrión* era ejemplo muy socorrido. Lo vemos usado por doña Feliciana de Guzmán [12] y por Cascales en citas ahora poco relevantes [13]. Más interés tiene en boca de Lupercio Leonardo Argensola, cuando dice:

> *También imaginábades vosotros*
> *que aquí saliera Plauto con su* Anfitruo

en un contexto de crítica de la comedia del Siglo de Oro y de esta obra de Plauto [14]. Francisco de Barreda es el primero —creo— en defender a Plauto de esa culpa, buscando defender a Lope que había hablado de la obra del latino en tono hábilmente peyorativo, "sabe Dios que me pesa de aprobarlo". Barreda dice, con su tajante fe en la comedia nueva y en el

---

[11] "Vetus comoedia... qualem Aristophanes scripsit, in qua multa fabulosa miscebantur, quod non est in noua postea factum, nam Deorum personae in ea saepe uisuntur, ut apud Plautum in Amphitryone..." (*Explicatio eorum omnium quae ad Comoedia artificium pertinent,* página 33).

[12] *Preceptiva dramática,* pág. 251.

[13] *Preceptiva dramática,* pág. 199.

[14] *Preceptiva dramática,* pág. 68.

concepto de tragicomedia: "Plauto, pues, en el *Anfitrión,* bien
que acertó en atreverse a mezclar el asunto trágico con el cómico", lo que va a favor de la tragicomedia, aunque luego le
reprenda la falta de decoro de mezclar a un Dios con el vicio,
con lo que concluye que es mejor moralmente la comedia española que la antigua [15].

Así pues, en la comedia lopista el vago término *esforzados*
de Aristóteles que, como hemos visto, se fue cargando de sentido clasista a través de la historia, se transforma en Lope en
el personaje del *Poderoso* (Rey muchas veces, gobernante en
general). Y tanto gustó esta mezcla de Rey y plebe que en
este hecho se basó uno de los grandes éxitos de aquel teatro de
indudable propaganda monárquica, como lo es el de Shakespeare,
al "hermanar", en una falseada democracia, Rey con pueblo
(*Fuenteovejuna, El mejor alcalde el Rey, Peribáñez,* etc.). Lo
que causó un grave problema estructural de la unidad de acción, que luego resolveremos, al traer al rey en una segunda
acción paralela a la acción primaria o primigenia. Para Pellicer la presencia del Rey es tan significativa que deslinda, del
concepto general de comedia, el de tragedia para "aquella donde se introduce rey" [16].

El segundo elemento de la tragicomedia es el que marca
el aforismo "lo trágico y lo cómico mezclado", que no es lo
mismo que la mezcla de personas físicas, moral o socialmente
diferentes. Aristóteles indica que lo risible es propio de la comedia. Y el terror, la compasión y la purificación de la tragedia. Dentro de unas coordenadas clásicas la voz *tragi-comedia*
puede ser, como asegura Montesinos, un gracioso embolismo;
pero como los géneros son históricos, la voz queda recia y técnicamente fijada en la segunda versión de *La Celestina.* Y en
el Barroco, como es bien sabido, es moneda del más recto uso,
a pesar de su término general *comedia,* que podía significar
lo que en inglés *play:* todo tipo de obra dramática. Sin recurrir
más allá de los autógrafos facsimilados enteros, o en su portada, que tengo a mano, podemos leer en Lope:. *La dama boba,*

[15] *Preceptiva dramática,* pág. 223.
[16] *Preceptiva dramática,* pág. 269.

comedia; *El castigo sin venganza,* tragedia, y *El bastardo Mudarra,* tragicomedia [17]. Y la voz la veremos en seguida usada rutinariamente por Ricardo de Turia y Pellicer, entre otros teóricos. El pasaje más definitorio es el siguiente, obra de Barreda: "La tragedia, o sea, tragicomedia o tragedia, que eso es disputar sobre el nombre" [18]. De hecho, no todos coinciden. Antes he dicho que la entrada del rey era clave de tragedia para Pellicer, y la muerte del héroe era el signo de la tragicomedia; mientras que "sólo propiamente se llama comedia la que consta de caso que acontece entre particulares donde no hay príncipe absoluto" (antes dijo que lo que tiene tramoya es fábula) [19].

De acuerdo con la estética barroca, estética de doble profundidad, lo trágico y lo cómico se mezclan por doquier desde la novela, empezando por el *Quijote,* hasta las fábulas mitológicas burlescas, pasando por el *alter ego* petrarquista-burlesco de Lope, el licenciado Burguillos. Tragicómico es gran parte del teatro isabelino, desde *Romeo y Julieta,* con su Mercucio, hasta una parte del francés de tiempos de Luis XIII (Corneille, Rotrou, Hardy; a veces por influjo español).

La comedia lopista es tragicómica en varios planos: por la alternancia de pasajes trágicos y cómicos (del 2.º acto, con la clase de latín del gracioso, al 3.º, con la muerte del héroe, en *El caballero de Olmedo*); por la mezcla simultánea (escena en que sacan Federico y Batín del agua, respectivamente, a Casandra y Lucrecia en *El castigo sin venganza*), como casi siempre que los criados *distancian* al espectador al alternar con los señores, y, además, por los entreactos, pues en los de una tragedia se puede ver un entremés y un baile, complicando la amalgama de lo trágico y lo cómico.

Pasando a comentar el texto de Lope directamente, vemos que está escrito de manera muy ajustada y aforística. Lo es el

[17] *La dama boba. Comedia deste año de 1613.* Ed. facsimilar conmemorativa del tercer centenario de la muerte de Lope de Vega. Madrid, 1935; *El bastardo Mudarra,* Madrid, Sociedad Foto-zincográfica, 1864; *El castigo sin venganza,* ed. Kossof. Madrid, Castalia, 1970.
[18] *Preceptiva dramática,* pág. 221.
[19] *Preceptiva dramática,* pág. 269.

primer verso, *Lo trágico y lo cómico mezclado,* y lo son los dos últimos, que responden al verso italiano *E per molto variar natura è bella,* que parte, al menos, de Serafino Aquillano y tuvo larga descendencia [20]. Y entre ambos aforismos un estilo conceptista y de contrastes muy ajustado. Enfrentando a Terencio, el arquetípico constructor de comedias de amores (jamás yo non vi "terenciana", dícese de *La Celestina*), con Séneca, el irrepresentado y admirado —*retórico-estoico*— dramaturgo que ilusionó a la Europa barroca culta en lo que tenía de más trágico, su visión de la *vida-muerte* (recuérdese *La cuna y la sepultura,* de Quevedo). Tan grave es este Séneca que Barreda le pondrá este reparo: "Dignas son de veneración las de Séneca, mas no se acuerdan que la poesía no basta que enseñe si no deleita" [21].

Una atención especial merece la comparación de tragicomedia "como otro Minotauro de Pasife". Pasife engendró de un toro blanco el famoso Minotauro. El mito es bien expresivo —hasta genéticamente— del híbrido que era la tragicomedia para sus detractores. Era, como el Minotauro, un monstruo, fruto de un pecado de leso clasicismo por "lujuria" popular y barroca. Lope acababa de decir: "La vil quimera de este monstruo cómico", en el verso 150. *Minotauro = monstruo = híbrido = tragicomedia.* Ecuaciones claves para el entendimiento de la época. Esta imagen del monstruo tuvo larga descendencia con una serie de variantes. "Si tales monstruos alcanzara el Dante, / a todos los pusiera en el infierno", dice —por ejemplo— Cristóbal de Mesa [22].

Parte, al parecer, el tópico de una ilustre tradición académica. Aristóteles en su *Poética* (cap. 7), al hablar de la estructura y la belleza, pone como ejemplo "tanto un *animal* como cualquier cosa compuesta de partes". Horacio parece seguirle en la idea en el famoso principio de su *Epístola ad Pisones:* "Humano capiti cervicem pictor equinam / Jungere si velit et

---

[20] V., entre otros muchos, un resumen de la cuestión en FUCILLA: *Estudios sobre el petrarquismo en España,* Madrid, CSIC, 1960, páginas 245-246.

[21] *Preceptiva dramática,* pág. 221.

[22] *Preceptiva dramática,* pág. 166.

varias inducere plumas" (vs. 1-2). Y la idea la recuerda Pinciano: "Como el animal vemos que tiene muchos miembros" [23]. De ahí la oportunidad del hijo de toro y mujer del ejemplo de Lope. Por otra parte, Ricardo de Turia, decidido lopista, llama tranquilamente *Hermafrodito* —para la época algo monstruoso y nefando, como el Minotauro— a la tragicomedia [24]. Ahora bien, para el barroco la voz monstruo (y sus variantes) ¿es peyorativa por completo? Bien claro está en nuestro texto y contexto que no. Y en su apoyo tenemos pasajes que dan de ella una idea a la vez peyorativa y elogiosa (algo equívoco, raro, bizarro, que produce asombro): como el tierno y monstruoso Polifemo de Galatea; o don Rodrigo Calderón, "monstruo de fortuna", y, claro, el mismo Lope, "monstruo de naturaleza". Un orden desordenado, un híbrido interesante, una selva hecha *silva poética* por el rigor de la métrica, un monstruo de imaginación, fuerza y poesía, son valores barrocos que se oponen a la fachada simétrica, a la pureza genética, al orden de la estrofa, a lo mensurable del Renacimiento. La naturaleza vencedora del arte hasta la *bizarría* de lo monstruoso. Una estética del gusto y no de la regla.

En estos dos puntos se condensa la explicación y defensa de la tragicomedia: desde lo social y el contenido, y desde lo técnico y la composición. Lope lo ha expuesto con habilidad. Ha hecho literatura forense: en la primera parte, con la evasión hacia Felipe II; en la segunda, con la evasión hacia el Minotauro. Ambas alusiones son sendas maniobras de distracción y de captación de benevolencia, pero a la postre resultan tremendamente aclaratorias y directas.

Los seguidores de Lope no necesitaron, para defender la tragicomedia, de tanta maniobra. Pocos años después (en 1616) Ricardo de Turia escribe con toda decisión que la tragicomedia es "un mixto formado de lo cómico y lo trágico", y desmenuza con toda tranquilidad los elementos que componen el mixto.

---

[23] *Filosofía antigua poética*, ed. cit., II, pág. 41. Y un poco más arriba habla de un león que tuviese un miembro de otro animal. En realidad la imagen del animal, como unidad morfológica es muy frecuente en Pinciano.
[24] *Preceptiva dramática*, pág. 178.

De la tragedia, piensa, vienen las personas graves, la acción
grande, el temor y la conmiseración; de la comedia, el negocio
particular, la risa y los donaires. La posición de este crítico ya
no es defensiva, sino ofensiva; nadie debe de tener esta mixtura
por cosa impropia: por razones de lógica, de historia y de
autoridad. ¿A quién repugna que concurran personas graves y
humildes? ¿A la lógica? ¿A la realidad histórica? Tampoco a
la tradición literaria, pues no hay tragedia que no tuviese criados. Lo que muestra con un ejemplo de Sófocles. ¿Y en la
comedia?: en Aristófanes toparemos "con la mixtura de hombres y dioses, ciudadanos y villanos, y hasta las bestias introduce que hablan en sus fábulas". Si esto hace —concluye— el
poema puro, es decir, el arte clásico, que dividía la tragedia
de la comedia, ¿qué raro tiene que la comedia barroca, la tragicomedia, que es poema mixto, lo haga? En realidad su obli-
gación —establecido el género— es crear esa mixtura [25].

Un poco después, en 1622, Francisco de Barreda arremete
ya directamente contra Aristóteles, en un claro exponente de
la "querelle" de los modernos contra los antiguos. Lo cito entero, pues no tiene desperdicio:

> Parécele a Aristóteles que la tragedia y la comedia han de
> ser diferentes y apartadas, no mezcladas y conformes, como
> nosotros las veíamos. Hay hombres tan supersticiosos de la
> antigüedad que, sin más abono de que hace muchos años que
> uno dijo una cosa, la siguen tenazmente y sobre eso harán
> traición a su patria. Siendo así que debemos dar más crédito
> a los modernos, porque ésos vieron los antiguos y la aproba-
> ción o enmienda de los tiempos, a cuya hacha encendida de-
> bemos la luz de todas las cosas. Pecó en esto un moderno que
> trasladó el arte de Aristóteles y ultrajó nuestras comedias como
> extrañas [26].

Desde 1609 a 1622, sólo en trece años, de Lope a Barreda,
el tono había cambiado mucho. De la hábil exposición fluc-
tuante a la enérgica condena de los supersticiosos de la antigüedad. Pasarán todavía unos años, y al final de su vida, Lope,
al publicar, en edición suelta, *El castigo sin venganza*, dirá con

---

[25] *Preceptiva dramática*, pág. 177.
[26] *Preceptiva dramática*, pág. 218.

todo orgullo: "Está escrita al estilo español, no por la antigüedad griega, y severidad latina, huyendo de las sombras, nuncios y coros; porque el gusto puede mudar los preceptos, como el uso los trajes y el tiempo las costumbres" [27].

Porque el gusto había podido consolidar los preceptos y radicalizar el tono del *Arte nuevo*.

[27] *El castigo sin venganza, El prólogo,* Barcelona, Pedro Lacavallería, 1634, sin paginar (ed. facsímil en *La Circe y otras rimas y prosas,* Madrid, Biblioteca Nueva, 1935).

2. LAS UNIDADES

Comedia: El pensamiento es ligero;
bien pueden acompañarme
con él, doquiera que fuere.

... ...

A Méjico y a Sevilla
he juntado en un instante.

(CERVANTES: *El rufián dichoso.*)

    Adviértase que sólo este sujeto
tenga una acción, mirando que la fábula
de ninguna manera sea episódica,
quiero decir inserta de otras cosas
185   que del primero intento se desvíen;
ni que de ella se pueda quitar miembro
que del contexto no derribe el todo;
no hay que advertir que pase en el período
de un sol, aunque es consejo de Aristóteles,
190   porque ya le perdimos el respeto
cuando mezclamos la sentencia trágica
a la humildad de la bajeza cómica;
pase en el menos tiempo que ser pueda,
si no es cuando el poeta escriba historia
195   en que hayan de pasar algunos años,
que éstos podrá poner en las distancias
de los dos actos, o, si fuere fuerza,
hacer algún camino una figura,
cosa que tanto ofende a quien lo entiende,
200   pero no vaya a verlas quien se ofende.

> ¡Oh, cuántos de este tiempo se hacen cruces
> de ver que han de pasar años en cosa
> que un día artificial tuvo de término,
> que aun no quisieron darle el matemático!
> 205 Porque considerando que la cólera
> de un español sentado no se templa
> si no le representan en dos horas
> hasta el Final Juïcio desde el *Génesis,*
> yo hallo que, si allí se ha de dar gusto,
> 210 con lo que se consigue es lo más justo.

(vss. 181-210)

En este pasaje se dedican ocho versos (181-187) a la unidad de acción. Pocos, porque Lope asiente con la tradición aristotélica. Y muchos más, 23, a la unidad de tiempo, porque, al negarla rotundamente, necesita aclarar y captar benevolencia. Nada dice, por supuesto, de la unidad de lugar, invento —como veremos— de los aristotélicos del Renacimiento, y no mencionada por Aristóteles. Por ello, el Fénix no se cree obligado a mencionar su criterio negativo para con la unidad de lugar.

Antes de hacer un comentario literal veamos, a grandes rasgos, la historia de la crítica —la pertinente en este caso— en torno a las unidades. Veamos lo que dijo Aristóteles sobre el tema y lo que reescribieron sus comentaristas del Renacimiento.

Aristóteles dedica mucho espacio a la unidad de acción. La acción es lo fundamental del drama: es primordial y anterior a los caracteres. Y a esto Lope asiente siempre, como Sánchez Escribano ha recalcado [28]. El estagirita dedica a la acción los capítulos 7 *(Sobre la fábula o estructuración de los hechos)* y 8 *(Sobre la unidad de la fábula).* Este es el que más nos interesa. Vuelve a tocar el tema, ya más de pasada, en el capítulo 18 *(Nudo y desenlace de la tragedia. Unidad de acción. El coro).*

---

[28] En su "Introducción" a *Preceptiva dramática,* págs. 39 a 53, y en "Cuatro contribuciones españolas a la preceptiva dramática mundial", *Bulletin of the Comediantes,* XIII, 1961, 1, pág. 2. V. mi reseña al primero de estos trabajos en *Segismundo,* núm. 3, 1966, págs. 407-408.

Su aserto fundamental, en el capítulo 8, dice así: "Es preciso, por tanto, que, así como en las demás artes imitativas una sola imitación de un solo objeto, así también la fábula, puesto que es imitación de una acción, lo sea de una sola y entera, y que las partes de los acontecimientos se ordenen de tal suerte que, si se traspone o suprime una parte, se altere y disloque todo" [29]. Recuérdense bien estas palabras, pues luego veremos que Lope repite algunas de ellas, siguiendo casi literalmente al filósofo griego.

Por el contrario, sólo dedica a la unidad de tiempo una frase, y aun notamos que no la dice *per se,* sino como distinción entre tragedia y epopeya. En el capítulo 5, al hablar de *Semejanzas y diferencias entre epopeya y tragedia,* distingue: "La tragedia se esfuerza lo más posible por atenerse a una revolución del sol o excederla poco, mientras que la epopeya es ilimitada en el tiempo" [30]. Nótese, de momento, el tono nada severo, casi de aviso más que de precepto, y recuérdese la opinión de Lope: "aunque es *consejo* de Aristóteles."

De la unidad de lugar nada —repito— dice Aristóteles. Bien lo nota Corneille en su *Discours des trois unités* (1660), cuando dice: "Quant à l'unité de lieu, je n'en trouve aucun précepte ni dans Aristote ni dans Horace" [31]. De la de tiempo ya hemos visto su tono, nada rígido, que hace comentar a García Yebra: "Estas palabras en las que Aristóteles se limita a señalar una tendencia o costumbre de la tragedia clásica (la primitiva era, como la epopeya, ilimitada en cuanto a tiempo) sirvieron de base a una de las tres leyes férreas del Renacimiento y del Clasicismo, la unidad de tiempo" [32].

En efecto, la unidad de tiempo la fija por primera vez Agnolo Segni en *La Retorica e Poetica di Aristotile* (Florencia,

---

[29] Ed. GARCÍA YEBRA, pág. 157.

[30] Ed. GARCÍA YEBRA, págs. 143-144.

[31] La edición de sus *Oeuvres* en tres volúmenes de 1660 lleva al frente de cada uno sendos *Discursos sobre el drama.* El de las unidades va en el tercero. Cito por *Oeuvres Complètes,* París, 1963, pág. 845. Es interesante recordar que CORNEILLE añade esta explicación: "C'est ce qui porte quelques-uns à croire que la règle ne s'en est établie qu'en conséquence de l'unité de jour."

[32] Ed. GARCÍA YEBRA, pág. 263.

1549) en veinticuatro horas, como máximo, y la de lugar, en
una consecuencia de la de tiempo, la fija Maggi en *In Aristotelis Librum De Poetica Communes Explanationes* (Venecia,
1550) [33]. Castelvetro fija las tres reglas en 1570 [34], aunque antes Julio Cesare Scaligero, en su *Poética* (1561), las declaraba
de manera implícita [35].

De Italia la toman los franceses. Así, Jean de la Taille, en
De l'art de la tragédie: "Il faut toujours representer l'histoire
ou le jeu dans le même temps et en un même lieu" [36]. Así, en
la famosa *Arte poética,* de Vauquelin de la Fresnaye, publicada casi al mismo teimpo que el *Arte nuevo*:

> *le théâtre jamais ne doit être rempli*
> *d'un argument plus long que d'un jour accomplis* [37].

Por fin, pasado Lope, se hacen cliché las tres unidades en
boca de Boileau, con una clara alusión a la comedia española
("un rimador del otro lado de los Pirineos", dice) con:

> *qu'en un lieu, qu'en un jour, un seul fait accompli*
> *tienne jusqu'a à la fin le théâtre rempli* [38].

Antes Chapelain, en su *Lettre sur l'art dramatique* (1630)
y en su *Sentiments de la Académie sur le Cid* (1638), y el abate
d'Aubignac, en su *Practique de théâtre* (1657) [39], impusieron
las unidades en Francia, desde donde irradiarían durante más

---

[33] V. el libro clásico, numerosas veces editado, de SPINGARN, *A History
of Literary Criticism in the Renaissance.* Nueva York, 1899. V. también
GARCÍA YEBRA en sus excelentes notas a la ed. de la *Poética* de Aristóteles, especialmente la nota 98.

[34] *Poetica d'Aristotele vulgarizzata* (Viena, 1570).

[35] *Poetices, libri septen.* Lyon, 1561. Ed. facsimilar de Buck, en
Stuttgart, 1964.

[36] Colocada al frente de su *Saül Furieux,* publicada en 1572.

[37] *L'Art Poétique,* ed. de G. Pellissier, París, 1885. El señor de La
Fresnaye (1536-1606?) fue poeta de gusto ronsardiano en sus *Foresteries*
juveniles, dejó de escribir durante años y al final de su vida, en 1605,
publicó las *Diverses poesies* donde incluye su *Art poétique*.

[38] *L'Art Poétique,* III, pág. 45-46.

[39] V. BRAY, *La formation de la doctrine classique en France,* París,
1966; VAN TIEGHEM, *Les grandes doctrines littéraires en France.* París,
1965; FAYOLE, *La critique littéraire,* París. 1964.

Portada del manuscrito de la neoaristotélica Poética *de Martir Rizo (Madrid, Biblioteca Nacional, Ms. 602)*

de un siglo a toda Europa, si bien Racine, cumbre del clasicismo, reconoce en el prefacio de *Bérénice* (1671) que es inverosímil meter en veinticuatro horas lo que ocurrió en una semana [40].

En la España barroca ni aun los clasicistas —salvo el grupo neoaristotélico enemigo de Lope— tomaron las unidades tan rígidamente. Sólo son dogmáticos en la de acción, no mencionan la de lugar, en general, y son flexibles en la de tiempo. Así Pinciano, así Cascales. Pinciano es muy comprensivo para con la unidad de acción, y entiende la complejidad del problema, señalando que existen obras con la acción doblada [41]. Igualmente comprensivo se muestra al tratar la unidad de tiempo, estableciendo distinción, según los casos: "Bien me parece lo que algunos han escrito; que la tragedia tenga cinco días de término, y la comedia tres, confesando que quanto menos el plazo fuere, terná más perfección, como no contravenga a la verisimilitud" [42].

Cascales entiende que hay fábula unitaria aun en el caso de que sea una compuesta de muchas y "reducida a una". Y admite hasta diez días para la unidad de tiempo, aunque riéndose de comedias españolas que duraban siglos, como la de San Amaro, o muchos años, como la de la pérdida de España y restauración de ella. A lo que comenta: "¿Qué mayor disparate desto?" [43].

Cervantes se expresa con palabras muy semejantes: "¿Qué mayor disparate puede ser en el sujeto que tratamos que salir un niño en mantillas en la primera *cena* del primer acto, y en la segunda salir ya hecho hombre barbado?" Y la misma crí-

---

[40] "Et qui doute que ce qui a pu fournir assez de matière pour tout un chant d'un poème héroïque, où l'action dure plusieurs jours, ne puisse suffire pour le sujet d'une tragédie, dont la duree ne doit être que de quelques heures?" (*Oeuvres Complètes*, París, 1962, pág. 165).

[41] Ed. cit. II, págs. 40-41.

[42] Ed. cit. III, pág. 82. (V. la misma idea, con el mismo número de días, en II, págs. 52-53.) Después de leer esto, causa sorpresa —por excepcional— el criterio de Pellicer —tan lopista en general— pidiendo unidad de tiempo (*Preceptiva dramática*, pág. 269, y el juicio de ESCRIBANO y PORQUERAS en pág. 364).

[43] *Preceptiva dramática*, pág. 200.

tica hace a los que no siguen la unidad de lugar, citando una comedia que empieza en Europa, sigue en Asia y acaba en Africa. Y si tuviere cuatro actos acabara en América [44].

El más estricto es Bartolomé Leonardo de Argensola, tan sentencioso como Boileau:

> *Haz, en fin, que el lugar, el tiempo, el modo*
> *guarden su propiedad; porque una parte*
> *que tuerza desta ley destruye al todo* [45].

Mas, en la práctica, como detalla Hermenegildo [46], pocas obras españolas guardaron las unidades. Sírvame para cerrar este largo recorrido las opiniones mucho más comprensivas y abiertas de Virués, quien, en 1609, en el año del *Arte nuevo* de Lope, al frente de sus dramas, dice que, de las obras que presenta, cuatro juntan *lo mejor de lo antiguo con lo moderno,* y la quinta, *Dido,* "va escrita todo por el estilo de griegos y latinos con cuidado y estudio". Declarando paladinamente que, sin embargo, en su *Semíramis,* cada acto se centra en un lugar distinto [47].

Este, si largo, apretado resumen, nos da idea del problema y nos permite situar los versos de Lope de Vega en un contexto histórico preciso. Lope se muestra breve y sentencioso, con espíritu, a veces, estructuralista. Acepta plenamente el precepto de Aristóteles y, casi con sus mismas palabras, que tiene evidentemente delante, dice que la fábula no debe ser episódica, "ni que de ella se pueda quitar miembro / que del contexto no derribe el todo". Recuérdese que el estagirita dijo: "Que las partes de los acontecimientos se ordenen de tal suerte que, si se traspone o suprime una parte, se altere y disloque el todo" [48]. Lope entiende mejor a Aristóteles en los preceptos que se acercan más a su teatro. A través de lo que la epopeya y la tragedia griega tenían en común, la acción, tan importante para Aristóteles como para Lope, el *Fénix* escuchaba con gusto

[44] *Quijote,* I, 48. Ed. de RIQUER, Barcelona, Planeta, 1962, pág. 523.
[45] *Rimas.* Ed. BLECUA, II, Zaragoza, 1950, pág. 381.
[46] *Los trágicos españoles del siglo XVI,* Madrid, 1961, págs. 457-58.
[47] *Preceptiva dramática,* pág. 151.
[48] Ed. GARCÍA YEBRA, pág. 157.

al griego. Así podría formar el juicio de que *La Odisea* es una acción de muchas acciones, y un héroe que se mezcla con muchos héroes, y llevarlo a su teatro con una acción bifronte. Para un teatro histórico, multisecular y multiespacial, que va de la Reconquista a la conquista de América, este concepto de acción era fundamental. Por ahí el teatro español se unía a Brecht, como el mismo alemán declaró dos veces [49].

Se ha dudado de la sinceridad de este pasaje del *Arte nuevo* a la vista de tantas obras de Lope con doble acción. Lo primero que hay que decir es que los fallos de realización, si van acompañados de ciertos logros, no ponen en entredicho la teoría. Son, simplemente, fallos prácticos. Lo segundo, que Lope pudo escribir —porque la fuente y el tema así se lo pedían— *El mejor alcalde el rey,* elogiada siempre por la crítica clasicista, por tener una acción sola. Y tercero, que hoy entendemos que uno de los más interesantes aciertos de Lope es la duplicidad de acción en ciertas obras, cuyo modelo puede ser *Fuenteovejuna* [50]. *Primera acción*: la de Fuenteovejuna, es decir, la social, la específica, la dramatizable. *Segunda acción*: la de Ciudad Real, es decir, la política, la genérica, la historiable. *Ecuación de la primera acción*: Fuenteovejuna/Comendador/Rey. *Ecuación de la segunda acción*: Ciudad Real/Maestre/Rey. Ecuaciones homólogas que sumadas dan: Pueblo/Calatrava/Rey, puesto que la unión se establece a través de la acción de la Orden de Calatrava a dos niveles, Maestrazgo y Encomienda, respectivamente contra el rey y contra el pueblo. Ambas acciones proceden —están sumadas— de la misma fuente: la *Crónica* de Rades. Una acción única, pues, pero expuesta, a lo

---

[49] V. C. A. JONES. "Brecht y el drama del siglo de Oro en España", *Segismundo,* 5-6, 1967, 39-54. Las citas de BRECHT en *Schriften zum Theater,* Berlín y Francfort, 1957, pág. 72, y *Schriften zum Theater,* 3, Francfort, 1963, pág. 105.

[50] V. PARKER, "Reflections on a new definition of 'Baroque' drama", *Bulletin of Hispanic Studies,* XXX, 1953, págs. 142-151. Y más recientemente la introducción de LÓPEZ ESTRADA a su edición de la obra en "Clásicos Castalia". Sobre la segunda acción y la historia de la Mancha he dado una conferencia en Ciudad Real en 1975, que incorporo a un librito sobre la obra que aparecerá en esta misma Sociedad General Española de Librería.

barroco, de una manera doble y compleja, como ante un espejo, estableciendo unas dualidades: lo particular y lo general, lo práctico y lo teórico, lo dramatizable histórico y lo directamente historiable: la intrahistoria y la historia. En todos los aspectos una acción bifronte.

Mucho más largo es el pasaje dedicado a la unidad de tiempo. Es un excelente trozo de poesía polémica; irónico y seguro de sí mismo, Lope arremete con el tema, que era grave. Vamos a partir del trozo de tres secuencias y luego lo arroparemos con textos de Tirso y de Barreda que remachan el del *Arte nuevo*.

Ya hemos visto —entrando en los versos 189-193— que la unidad de tiempo no era una estricta ley de Aristóteles, como muchos preceptistas declaraban. Por eso, Lope califica de *consejo* la aseveración del estagirita, con lo cual su desacato es menor. Por eso puede tratar, con evidente ironía, el pasaje, al indicar que si ya ha pecado en lo más grave, en lo preceptivo, es decir, en el concepto de tragicomedia, no importará faltarle en el simple consejo. Pasaje este muy famoso —perdiendo respeto a Aristóteles— que, bien entendido, no quiere decir ir contra el filósofo faltándole gravemente al respeto, sino irse colocando, históricamente, en una sincronía muy alejada de la suya: ir perdiéndole el miedo de cara a la modernidad.

En los versos 194 a 200, una vez negado el precepto, va a explicar la fórmula que a él le gustaría seguir. Desde luego "pase en el menos tiempo que ser pueda", es decir, que, dentro de la verosimilitud y del tiempo poético necesario, se debe tender a guardar el precepto. Lo que se complementará luego (vss. 213-214) al dar otro consejo: "Procurando si puede en cada uno / no interrumpir el término del día." Tirso, con su natural finura, había entendido muy bien la cuestión de la unidad de tiempo, cuando escribe en contra de la ley de las veinticuatro horas: "¿Cuánto mayor inconveniente será que en tan breve tiempo un galán discreto se enamore de una dama cuerda, la solicite, regale y festeje, y que sin pasar siquiera un día la obliga y dispone de suerte sus amores, que, comenzando a pretenderla por la mañana, se case con ella a la noche?" [51].

Esos argumentos bastaban para la comedia urbana o de capa y espada, pero Lope es, ante todo, el dramaturgo de la historia de España y, por eso, va a dirigirse a este tipo de obras directamente, explicando lo que el poeta debe hacer cuando escribe historia, es decir, cuando tiene una crónica delante de sí y va a hacer de ella un drama histórico. Sobre este aspecto ya vimos que varios, entre ellos Cascales y Cervantes, se reían de obras dramáticas que duraban años y años. Pero evidentemente, y el teatro épico del siglo XX —*El zapato de raso* o *Madre Coraje*— le da la razón: cuando escribe historia, han de pasar, por definición, si no se quiere abstraer todo un reinado en un suceso de un día, con pérdida de verosimilitud y de sentido épico, "algunos años". Lope nos explica que el método preferido por él es el de lograr, por medio de los entremeses madurativos, que el tiempo pase psicológicamente en la cabeza del espectador, mientras ve un entremés o un baile (en el siglo XVII), o se charla, o toma un café, o se fuma un cigarrillo (en nuestros días). De ahí el llamar expresivamente al entreacto, como era normal en la época, *distancia*. Si al final de un acto un marido, que se cree deshonrado, siente los primeros impulsos de venganza, y al principio del siguiente está seguro de su deshonra —sea ésta real o no—, al espectador le parece que esos quince minutos han madurado el problema, transformando minutos en meses. Pero, sobre todo, esto es necesario en obras que tratan de la biografía política de un rey. En ellas, al final del primer acto puede haber una situación muy confusa, que se haya resuelto al principio del segundo, habiendo "pasado", en el entreacto, años de luchas o de prudencias. Obra típica de esta manera de hacer es *El bastardo Mudarra,* originada en la leyenda épica, que Moreno Báez ha estudiado en oposición al poema del Cid, como estructura de friso [52]. En este

---

[51] *Cigarrales de Toledo.* Ed. SAID ARMESTO. Madrid, Renacimiento, 1913, pág. 125.

[52] *Leyendas épicas españolas.* Versión moderna de los poemas perdidos, por ROSA CASTILLO, con un prólogo de E. Moreno Báez. Madrid, Castalia, 1956, págs. 20-21, y "El estilo románico y el *Cantar de Mío*

drama, al acabar el segundo acto, Bustos ve las cabezas cortadas de sus siete hijos, y un momento después Arlaja, su amante, le confiesa que está embarazada de él. Este hijo, no nacido aún al final de esta segunda jornada, será un joven al principio del tercer acto, y tendrá la edad suficiente para vengar a sus hermanos. En obras de este tipo la comedia barroca tiene elementos semejantes al teatro épico brechtiano, como acabo de señalar. La formulación estética más gráfica y profunda de este problema la hace, como otras veces, Barreda, al decir que la unidad de tiempo amedrentó a los antiguos y les hizo caer en mil faltas. Porque "en un naipe no se puede retratar un gigante; puede retratarse un escuadrón de ellos. Según esto, ¿quién impide que en dos horas de la representación se pinten largas historias?" [53]. En efecto, Lope establece en muchas de sus obras más logradas un principio de unidad que viene a ser el siguiente: unidad de tiempo para cada acto, pero desarrollo ilimitado de tiempo, a través de las distancias madurativas de los entreactos, en todo drama de tipo histórico. Recordemos otra vez sus palabras: "Procurando si puede en cada uno / no interrumpir el término del día."

La otra solución técnica que da es "hacer algún camino una figura", es decir, literalmente, hacer un viaje un personaje, tal como se ve, por ejemplo, en *El cerco de Pavía,* de Tárrega. Allí un personaje pide a otro: "¿Hacer un camino puedes / por mí?" [54]. El fingir un viaje, salir y entrar en unos momentos simulando haber hecho un viaje, es cosa mucho más primitiva, de un teatro evidentemente prelopista, ingenuo. Por eso Lope dice que esto ofendía a quien lo entiende. Y creo que él mismo estaba de acuerdo sobre esta ingenuidad. Pero la fuerza de los pareados y la costumbre de estar a la defensiva con ironía, tal como vimos, le lleva a defender la comedia hasta en este punto extremo:

Cid" (*Actas del II Congreso Internacional de Hispanistas,* Nimega, 1967, páginas 429-438).
    [53] *Preceptiva dramática,* pág. 219.
    [54] *Poetas dramáticos valencianos,* ed. JULIÁ, Madrid, 1929, pág. 455.

Cosa que tanto ofende a quien lo entiende,
pero no vaya a verlas quien se ofende.

La secuencia última, la tercera y más larga (versos 201 a 210), no aclara más el pasaje, que ya lo estaba suficientemente, pero sí nos muestra una vivencia muy interesante del público de los corrales. Sigue la ironía, con la expresión popular *hacerse cruces,* que no cuadraba dirigida a los cultos y neoaristotélicos censores de la comedia. Precisa la diferencia de concepto que hubo a través de la historia, al pensar en un día como unidad de acción. Aristóteles habla de una sola revolución astronómica del sol; hoy diríamos, claro está, de una sola revolución de la tierra sobre sí misma. Los comentadores más estrictos entendieron por esto un día artificial, desde el amanecer al anochecer, pues no quisieron darle al drama la libertad del día "matemático", es decir, de un amanecer a otro amanecer, veinticuatro horas.

El párrafo interesante a que me refería antes, con respecto a la psicología popular, viene ahora. En él Lope nos habla del ansia de argumentos, acciones, imágenes, del público de la época, en gran parte analfabeto, en un mundo falto o escaso de imágenes, ayuno de los modernos y absorbentes medios audiovisuales, y que, sentado en un banco del corral de comedias, no templaba su cólera si no le daban en las dos horas una acción amplísima. Lope, con gran sentido católico-barroco, pone el ejemplo —que dejé comentado atrás— más largo posible:

hasta el Final Juicio desde el Génesis.

Con la expresión *la cólera de un español sentado,* según Bergamín "tan graciosa como exacta", define Lope, "con la sencilla profundidad que siempre tienen sus definiciones poéticas", la verdadera razón de ser de toda esa poesía dramática [55]. Tuvo eco en seguida. El inteligente Ricardo de Turia, sólo siete años después, la repetía. "Porque la cólera española está mejor con la pintura que con la historia; dígolo porque una ta-

---

[55] *Mangas y capirotes.* Madrid, Plutarco, 1933, págs. 93-94.

bla o lienzo de una vez ofrece cuanto tiene, y la historia se entrega al entendimiento o memoria con más dificultad, pues es el paso de los libros o capítulos en que el autor la distribuye." Y sigue explicando que en dos horas los españoles querían verlo todo [56]. En efecto, ese público, en parte analfabeto, sin libros, sin museos, sin casi láminas, sin carteles en las calles, sin radio, sin cine, sin televisión, sin la terrible propaganda de nuestros días de sociedad de consumo, sin periódicos, sin revistas, sin grandes ciudades, sin salas de fiesta creadoras de erotismo, sin rápidos medios de transporte para viajar o huir de lo cotidiano, sin teléfono, etc., concentró en el teatro muchas cosas: evasión, afirmación nacional, erotismo, mística, curiosidad, noticia. Y hasta cultura. El teatro fue el ministerio de educación de masas en el siglo XVII, con todo el aparato de propaganda inherente a un estado barroco.

Es evidente que este público utilizó el teatro como imagen del mundo, como novela, como libro de texto, como libro de estampas, como catecismo. En un mundo de analfabetos, en un mundo de escasas imágenes —repitamos el tópico de una imagen por mil palabras—, el público más vulgar veía allí el *Génesis* y el Juicio Final, la Reconquista y los reyes y héroes que la lograron, las batallas en Europa y Africa, las conquistas y la descripción de las Indias. Y veía parte de la vida cotidiana. Y veía a la mujer y al hombre amándose. Sin duda, para muchos, era un fantástico —en ambos sentidos del término— *telediario*. Como era —ya Menéndez Pidal llamó al teatro de Lope "ilustre cinedrama"— un irreemplazable telefilme. Todo ello gracias al quiebro dado a las tres unidades.

---

[56] *Preceptiva dramática*, pág. 179.

3. DIVISION DEL DRAMA

El sujeto elegido, escriba en prosa
y en tres actos de tiempo le reparta,
procurando, si puede, en cada uno
no interrumpir el término del día.

215 El capitán Virués, insigne ingenio,
puso en tres actos la comedia, que antes
andaba en cuatro, como pies de niño,
que eran entonces niñas las comedias;
y yo las escribí, de once y doce años,

220 de a cuatro actos y de a cuatro pliegos,
porque cada acto un pliego contenía;
y era que entonces en las tres distancias
se hacían tres pequeños entremeses,
y, agora, apenas uno, y luego un baile,

225 aunque el baile lo es tanto en la comedia
que le aprueba Aristóteles y tratan
Ateneo, Platón y Jenofonte,
puesto que reprehende el deshonesto,
y por esto se enfada de Calípides,

230 con que parece imita el coro antiguo.
Dividido en dos partes el asunto,
ponga la conexión desde el principio,
hasta que vaya declinando el paso,
pero la solución no la permita

235 hasta que llegue a la postrera scena,
porque, en sabiendo el vulgo el fin que tiene,

vuelve el rostro a la puerta y las espaldas
al que esperó tres horas cara a cara,
que no hay más que saber que en lo que para.
240   Quede muy pocas veces el teatro
sin persona que hable, porque el vulgo
en aquellas distancias se inquïeta
y gran rato la fábula se alarga,
que, fuera de ser esto un grande vicio,
245   aumenta mayor gracia y artificio.

                                        (vss. 211-245)

Este tercer apartado, en líneas generales, cae dentro de la composición, pero también es evidente que mira, mediante una serie de consejos —desde el primer verso—, a la *invenio*. El cuerpo central del apartado lo forman dos núcleos: el primero tiene su centro en lo que podemos llamar la división tripartita —que para Lope es experimental— de la comedia, a la que añade una brevísima historia de cómo se pasó a los tres actos, y el segundo, en la división dual —que para Lope es libresca—. Ambas partes terminan con sendas digresiones, la primera sobre el baile y la segunda sobre el dejar el escenario sin personaje. Hay que añadir, además, que al primero de estos núcleos tienen que venir los versos 298-301, mal colocados en la parte de la elocución, como luego veremos.

Comenzando con el primer núcleo, nos encontramos en principio con un consejo, dicho de pasada, pero que a nosotros nos habrá de detener bastante, que atañe a la composición y también a la invención. Se trata del primer verso, donde dice que una vez elegido el tema lo "escriba en prosa". Literalmente parece no tener alternativa el entendimiento de este pasaje: Lope propone al dramaturgo (o constata tal vez un uso) que haga un resumen o síntesis, o guión, en prosa, del argumento de la obra, repartiéndolo —como dirá en seguida— en tres partes o actos. ¿Se hacía de verdad esto, lo hacía Lope alguna vez? La primera dificultad para contestar a esta pregunta radica en que, que yo sepa, no se ha conservado ni uno solo de estos resúmenes. Menéndez Pelayo piensa que el *Fénix* jamás siguió este consejo, y que podría proceder, no de su experiencia, sino de la tradición literaria, habiéndolo tomado de la poética de Jerónimo Vida. Contra este lógico pensamiento existen tres pruebas que, juntas, me hacen creer en la seguridad de que ocasionalmente Lope y sus contemporáneos hacían este guión. La primera no es una prueba formal, sino una conjetura que creo explica el hecho. Si muchas obras se escribieron entre dos o tres dramaturgos —generalmente, si eran tres, cada uno hacía un acto—, y se escribieron estando separados, cada cual en sus casas, como prueba lo que cuenta Montalbán en la *Fama póstuma* [57] —que, quitándole exageraciones, parece una anécdota real—, es lógico que, al menos, cada dramaturgo se retirase a trabajar con un pequeño plan en la cabeza para desarrollarlo. Este plan podría, muy lógicamente, haberse fijado por escrito: ya sea creando la colaboración este uso; ya sea aprovechando un uso frecuente o esporádico en favor de la colaboración; ya sea, al menos, aprovechando una recomendación de dómines y rétores.

El segundo hecho es documental, aunque la prueba se haya perdido. Gil y Zárate atestiguó, a mediados del siglo pasado, haber visto un manuscrito de Lope, del que habla de una manera inequívoca y seria, en el que —dice— "se ve además que en algunas de sus comedias, si no en todas, escribía primero el plan, no por actos ni escenas, sino formando una pequeña novela" [58]. Desde luego, mal podía Lope dividir en escenas —escenas modernas, de personaje— su argumento, pues era una medida que no estaba en su estética [59]. Igualmente la frase parece contradecir el *Arte nuevo* en el que se pide una repartición del argumento precisamente por actos. Sin embargo, esta pega puede ser sólo expresiva, y ni ella ni el que no aparezca el manuscrito me parecen suficientes motivos como para dar

[57] *Obras sueltas de Lope de Vega.* Madrid, Sancha, 1779, tomo XXI, página 520.

[58] Cit. por MOREL-FATIO, pág. 393.

[59] Además de lo que digo más adelante (V. nota 63), recuérdese la seca definición de CARAMUEL: "Actus dividitur Scenas, et Scena durat, quamdiu non egrediuntur omnes personae ex theatro, ut vel finiatur actus, ut introductis aliis nova Scena incipiatur" (*Preceptiva dramática,* página 310).

de lado totalmente a la palabra escrita de Gil y Zárate. Sobre
todo cuando tenemos un tercer testimonio, no aducido, que yo
recuerde, por la crítica —que viene a reforzar con autoridad
lo antes dicho—. Pellicer, en su *Idea de la comedia de Castilla,*
escrita el mismo año de la muerte de Lope, nos declara en
uno de sus preceptos:

> Para todo lo apuntado será el último precepto escribir pri-
> mero la traza o maraña de la comedia en prosa, y allí, hacien-
> do cuenta que se representa una novela, ir reparando en las
> impropiedades que puede haber. Esto se hace fácil con la fre-
> cuencia. Luego vestilla de los versos que fuere capaz el embus-
> te. Procurando en las de mucho enredo templar el estilo, por-
> que mucho contexto y versos grandes no caben juntos en lo
> artificial; algunos sí, en los episodios. Y, al contrario, cuando
> la comedia no es de mucho caso, supla aquella falta de lo
> pensado la valentía de lo escrito [60].

Tras esta cita, sólo me queda la duda de que Pellicer,
en algunos de sus preceptos, tiene en cuenta el *Arte nuevo,* y
según esto podríamos estar glosando un texto con su propia
glosa. Pero, por las explicaciones que da Pellicer, y por el tono
en general de su tratado, no podemos en absoluto llegar a
desautorizarlo.

Viene luego la parte más interesante y central de este primer
núcleo cuando pasa a dividir la comedia en actos. Y aquí nos
da detalles, tanto técnicos como históricos, valiosos. En primer lugar, indica el número de jornadas, tres, sobre el que luego volveremos. En segundo lugar, nos dice que procure en
cada uno "no interrumpir el término del día", criterio personal
importante sobre la unidad de tiempo, como ya vimos, y que
convendría ver hasta qué punto Lope lo cumplió, asunto ahora
ajeno a mi comentario. Nótese sólo que este verso se hermana
gemelamente con otro de las unidades en el que pide que si
han de pasar algunos años "éstos podrá poner en las distancias
de los dos actos".

Expone luego cómo fue el capitán Virués el que puso en
tres actos la comedia, hecho que se produjo ya en vida de

---

[60] *Preceptiva dramática,* pág. 271-272.

Lope, pues él mismo, de niño, las escribía de cuatro actos, y, en efecto, cuatro tiene *Los hechos de Garcilaso* [61]. Y en otras de las conservadas se notan indicios muy probables de refundición de cuatro a tres actos. Por tanto, esto debió producirse en la década de los 80, o muy poco antes, para el propio Lope, y tal vez no en un momento preciso y definitivo. El número tres se impuso totalmente y de acuerdo con la propia estructura dramática en forma de triángulo que asciende hacia el *climax* y hacia el nudo, y desciende hacia la solución en los tres tiempos consabidos: planteamiento, nudo y desenlace. Aunque el nudo pueda ocupar parte del primer acto y ocupe, por mandato expreso de Lope, un gran trecho del tercero. En cierto modo la estructura tripartita es idéntica a la quíntuple del teatro griego, isabelino o francés clásico. En éstos, en ambos lados del triángulo que suben hacia el vértice de la altura, se sitúan los actos 2 y 4, sumándose al 3 y central. Esta estructura en cinco actos favorece el llamado por Brecht teatro aristotélico [62], mientras que el de tres jornadas tiende a favorecer la estructura épica, todavía más favorecida hoy —aunque por razones comerciales en muchos casos— con la división en dos actos o partes. Tan importante es la división en tres actos que tengo la impresión —experimentada en algunas obras— de que, desechada la segunda acción, en las obras más cerradamente históricas de Lope, y por tanto más épicas, se advierte una división en tres partes o escenas mayores, o escenas inglesas, en cada uno de sus actos. Esto se refrenda con los trazos horizontales con que Lope corta, en sus manuscritos autógrafos, los actos, por medio de las escenas mayores, y en un testimonio que me parece fundamental, dado por Pellicer: "Cada jornada debe constar de tres escenas, que vulgarmente se dicen *salidas;* a cada escena le doy trescientos versos, que novecientos es suficiente para cada jornada" [63]. Nótese la estructura basada

[61] MORLEY-BRUERTON, *Cronología de las comedias de Lope de Vega.* Madrid, Gredos, 1968, fechan esta obra —la más antigua de las conservadas— entre 1579?-1583?.
[62] V. JACQUES DESUCHÉ, *La técnica teatral de Bertolt Brecht.* Introducción de Ricard Salvat. Barcelona, 1966, especialmente el capítulo 1.
[63] *Preceptiva dramática,* pág. 270.

en el número tres: tres actos, tres escenas mayores o salidas, trescientos versos cada escena, y, por tanto, unos tres mil versos en toda la obra (insistiré más en estas medidas al hablar de la *Duración de la comedia* en el apartado 8).

La historia del número de actos en nuestro teatro no se puede trazar con rigor cronológico. A nosotros nos interesa saber los siguientes pasos. Después del solo acto —que perdurará, hasta el fin, en el auto sacramental— de nuestro teatro primitivo, nos encontramos que, por razones clasicistas, tanto un Torres Naharro, como parte de los trágicos, fijaron los dramas en cinco actos. Hacia 1580 se escribían también en cuatro actos, como el propio Lope lo atestigua. Y también Argensola (Lupercio), que en la loa de su *Alejandra* (¿1581-1585?) hace decir a la propia comedia que le habían quitado —en esos años, se entiende— un acto, ya que solía antes estar siempre dividida en cinco. El que, antes o después, Virués —como quiere Lope— sea el que fije en tres actos la división, no es nada seguro, aunque lo diga él mismo en su *Semíramis* [64]. Morel-Fatio cree que fue Avendaño el primero en hacerlo [65]. Además, en esta evolución, Lope silencia por lo menos dos nombres que le eran incómodos, y tal vez alguno más que hoy desconocemos. En efecto, Juan de la Cueva decía tajantemente en 1606 que él había reducido un acto de los cinco. El otro nombre es el de Cervantes, quien asegura, en su tardío prólogo a las *Comedias y entremeses* (1615), que él había pasado de cinco actos a tres. Virués era hombre que no incomodaba a Lope. Cervantes, sabemos que sí. Y el silencio que en la extensa obra de Lope se cierne sobre Juan de la Cueva —aun teniendo en cuenta la tesis de Bataillon, que le resta importancia histórica— parece muy significativo [66]. Claro que este proceso pudo ser múltiple e inde-

---

[64] Nótese que escribe: "Advierto / que esta tragedia, con estilo nuevo / que ella introduce, viene en tres jornadas" (*Preceptiva dramática*, página 152). El sentido de *introducir* parece indicar novedad absoluta, pero no descartemos el de *seguir* una moda.

[65] Morel-Fatio, pág. 393: la nueva división la ensayó —escribe— en 1553.

[66] "Simples réflexions sur Juan de la Cueva", *Bulletin hispanique*, XXXVII, 1935, págs. 329-366 (incluido en *Varia lección de clásicos españoles*, Madrid, Gredos, 1964, págs. 206-214).

pendiente. Cueva en Sevilla, Virués en Valencia, Cervantes en ruta por Castilla y Andalucía, pudieron realizar lo que era una tendencia de la época, la reducción de cinco a tres actos, que se consolidó entre todos. Y en esto intervendrían seguramente otros dramaturgos hoy olvidados o con obras perdidas.

El recuerdo de sus comedias niñas, como las llama con afecto, en un pasaje estilísticamente comentado ya, le hace ir hacia la extensión en pliegos que tenían aquellas comedias y a la intercalación de entremeses y bailes en los entreactos. Tema interesante, pero que entrará mejor, más adelante, en el apartado 8, al tratar de la *Duración de la comedia.*

Termina este primer núcleo con un auténtico paréntesis o digresión sobre la importancia del baile en la comedia, con citas continuadas de los nombres que daban autoridad: Aristóteles, Platón, Jenofonte, Calípides. Este pasaje, como dice Unamuno en su comentario al capítulo VI del *Quijote,* en su *Vida de Don Quijote y Sancho,* trata de libros, y por eso, siguiendo su ejemplo, por una vez, porque nosotros vivimos del *libro dentro del libro,* podemos saltárnoslo, tras poner a pie de página el texto de Robortello que ha utilizado Lope en este caso [67]. Porque nada tiene que ver el baile de la comedia —entremés bailado— con el que cita Robortello.

Es el momento de incluir los versos 298-301, de la parte 4, *Lenguaje,* porque —debido a un fallo de ordenación de Lope— pertenecen al punto que estamos tratando. Ya sabemos que los actos o jornadas son tres. Ahora nos añade cómo se introduce en cada uno la materia:

> *En el acto primero ponga el caso,*
> *en el segundo enlace los sucesos*
> *de suerte que hasta el medio del tercero*
> *apenas juzgue nadie en lo que para.*

---

[67] "Myniscus igitur Callipidem vocabat simiam, quod nimia uteretur gesticulatione et motione totius corporis, quali vitio laboravit olim apud Romanos Hortensius Orator, saltatriculaque dictis, de quare A. Gellio meminir...", etc. (Cit. por J. DE JOSÉ, pág. 156; no lo había señalado Morel-Fatio).

Esto es refrendado por Pellicer y minuciosamente detallado —con tendencia a pensar en la comedia de amores, de capa y espada, o de enredo— en su precepto séptimo, que dice:

> El séptimo precepto es de la maraña o contexto de la comedia. La primera jornada sirve de entablar todo el intento del poeta. En la segunda ha de ir apretando el poeta con artificio la invención y empeñándola siempre más, de modo que parezca imposible desatarla. En la tercera dé mayores vueltas a la traza y tenga al pueblo indeciso, neutral o indiferente o dudoso en la salida que ha de dar hasta la segunda escena, que es donde ha de comenzar a despejar el laberinto y concluille a satisfacción de los circunstantes [68].

En efecto, éste es el uso —estructura tripartita— de la comedia lopista. Mas, sin embargo, volviendo a la parte en que estábamos, vemos con sorpresa que ahora habla de una división dual de la comedia: *conexión* y *solución*. Juana de José ha aclarado el pasaje, y su incongruencia con las citas tripartitas anteriores, al darse cuenta que está traduciendo a Robortello, como ya señaló Morel-Fatio [69]. Es curioso y explicable este pasaje. Sobre la propia experiencia de Lope como dramaturgo, al caer en la zanja de los nombres sagrados y la erudición —y sólo porque quiso documentar la palabra *baile* (tan diferente en su teatro a lo que fue en la antigüedad y a lo que es hoy)— se vuelca sobre Robortello y lanza la obligada y consabida teoría de la *conexio* y la *solutio*. Menos mal que, como hemos visto, luego —y fuera de lugar—, como queriendo subsanar un olvido grave, nos dio esos cuatro versos fundamentales por su evidencia y claridad (vss. 298-301).

Desde luego, en la división dual, parece seguir a Robortello directamente. Pero para elegir este pasaje robortellesco pesaba grandemente toda la tradición clásica, para la que era obligada la doctrina de la *conexio-solutio*. La encontramos, muy bien expresada por cierto, en Cascales. Pero —fijémonos— aducido con respecto a la tragedia, no a la comedia. Y, claro, no a la

---

[68] *Preceptiva dramática*, pág. 268.
[69] MOREL-FATIO, pág. 394.

tragicomedia. La cita de Cascales alumbra la confusión entre estructura tripartita y dual. Dice así:

> Toda la tragedia el poeta la ha de considerar dividida en dos partes, la conexión y la solución. La conexión abraza buena parte de la acción principal y la mayor parte de los episodios; y la solución lo demás, aunque el poeta ha de prescribirse y asignarse una meta o término hasta donde vaya en crecimiento de la fábula. Que, para decillo breve, es cuando se trueca la fortuna de la persona fatal de felicidad en miseria, o al contrario. Hasta llegar a esta mutación se llama conexión, y dello al remate de la tragedia se llama solución [70].

¿Por qué esta duplicidad de estructuras en Lope? ¿Por qué Pellicer no cita la *conexio-solutio?* Porque Lope, como dramaturgo de comedia nueva, no necesitaba la *conexio-solutio* porque la mayoría de las veces la mutación *fortuna-desfortuna,* o viceversa, no encaja sino en la pura tragedia clásica. Pellicer lo comprende y abandona esta termniología. Lope, con su Robortello a ojo, tiene que decir lo experimental y tiene que traducir también lo libresco. Así, queda bien consigo y con los oyentes.

Por último, viene una digresión que no atañe en absoluto a la división en actos y que literalmente parece mirar tanto a la invención como a la disposición. Es un consejo que da Lope: quede muy pocas veces el escenario sin personaje que hable, porque esto inquieta al público y alarga la fábula. No sólo se refiere a que quede un personaje en silencio, o varios, sin hablar, sino que piensa en el quedarse la escena sola. De ser así, por encima de que, como cree Morel-Fatio, esté siguiendo a Donato [71], se plantea un claro problema de estructuración, que entra dentro de la composición y que, por tanto, obliga a dejar este pasaje en este tercer apartado de *División de la comedia.* Creo que Lope advierte la importancia de este recurso, de dejar la escena vacía, de fundir en negro —como diríamos hoy— y que por eso, a pesar de ser "un grande vicio", reconoce que tiene gracia y artificio. Si ponemos esta defensa en relación con otros pasajes del *Arte nuevo,* y concretamente con el que habla de las distancias

---

[70] *Preceptiva dramática,* pág. 199.
[71] Morel-Fatio, pág. 394.

entre los 'dos actos, podemos plantearnos aquí el problema de
un encadenamiento épico o de un encadenamiento aristotélico
de la acción. En estas pequeñas distancias (la mayor es la
obligada que parte el entreacto; la mediana y bastante forzosa,
la que separa dos escenas mayores; y la pequeña puede estar incluso dentro de una escena mayor o configurar dos escenas breves) se puede basar la estructuración épica de un teatro que pro-
cedía con frecuencia de la crónica y el romancero épicos, y que
tenía estructura de friso, bien patente en obras como *El bastardo Mudarra*. Para todos estos dramas, estos fundidos en negro
o vacíos de escena, eran necesarios, e incluso mantenían un artificio por medio de una inquietud en el público, basada en el
suspense.

Muy bien se dio cuenta Pellicer de esto cuando, tras considerar como precepto el "procurar no dejar nunca solo el tablado", añade que él se da cuenta de que, al hacerlo, si se discurre
bien, puede ser gala, y que en "las acciones que exceden de veinticuatro horas" —es decir, el teatro histórico-épico sobre todo—
es observación muy difícil de cumplir [72]. Mientras que González
de Salas, no inserto en el mundo lopista, y con una formación
clasicista, da una solución totalmente contraria a Pellicer, no épica, sino aristotélica, al fallar sobre el quedar el tablado solo:
"Supuesto que las escenas hoy se dividen como antiguamente
los actos *de el quedar el tablado* solo, el excusar su multiplica-
ción asegura mucho la asistencia del auditorio; porque aquella
trabazón y coherencia de un lance a otro, sin cortar el hilo, dejando desierto el proscenio, impide el lugar a la inquietud, pues
sin duda que por el desmedido número de escenas han peligra-
do muchas ilustres fábulas de todos los tiempos" [73].

---

[72] *Preceptiva dramática*, pág. 270. Hay que recordar que en el precepto décimo —no muy consecuente con sus teorías generales— Pellicer desea la unidad de tiempo.
[73] Cit por MOREL-FATIO, pág. 395.

4. LENGUAJE

       Comience, pues, y con lenguaje casto
no gaste pensamientos ni conceptos
en las cosas domésticas, que sólo
ha de imitar de dos o tres la plática;
250   mas cuando la persona que introduce
persüade, aconseja o disüade,
allí ha de haber sentencias y conceptos,
porque se imita la verdad sin duda,
pues habla un hombre en diferente estilo
255   del que tiene vulgar, cuando aconseja,
persüade o aparta alguna cosa.
Dionos ejemplo Arístides retórico,
porque quiere que el cómico lenguaje
sea puro, claro, fácil, y aun añade
260   que se tome del uso de la gente,
haciendo diferencia al que es político,
porque serán entonces las dicciones
espléndidas, sonoras y adornadas.
No traya la escritura, ni el lenguaje
265   ofenda con vocablos exquisitos,
porque, si ha de imitar a los que hablan,
no ha de ser por pancayas, por metauros,
hipogrifos, semones y centauros.
       Si hablare el rey, imite cuanto pueda
270   la gravedad real; si el viejo hablare,
procure una modestia sentenciosa;

describa los amantes con afectos
que muevan con extremo a quien escucha;
los soliloquios pinte de manera
275   que se transforme todo el recitante,
y, con mudarse a sí, mude al oyente;
pregúntase y respóndase a sí mismo,
y, si formare quejas, siempre guarde
el debido decoro a las mujeres.
280   Las damas no desdigan de su nombre,
y, si mudaren traje, sea de modo
que pueda perdonarse, porque suele
el disfraz varonil agradar mucho.
[Guárdese de] imposibles, porque es máxima
285   que sólo ha de imitar lo verisímil;
el lacayo no trate cosas altas
ni diga los conceptos que hemos visto
en algunas comedias extranjeras;
y de ninguna suerte la figura
290   se contradiga en lo que tiene dicho,
quiero decir, se olvide, como en Sófocles
se reprehende, no acordarse Edipo
del haber muerto por su mano a Layo.
Remátense las scenas, con sentencia,
295   con donaire, con versos elegantes,
de suerte que, al entrarse el que recita,
no deje con disgusto el auditorio.

(vss. 246-297)

Al terminar el anterior apartado, acabamos con los problemas de la *dispositio* o *composición literaria.* Ahora, con las partes 4, 5 y 6, dedicadas, respectivamente, al *Lenguaje, Métrica*
y *Las figuras retóricas,* empezamos la *elocutio,* desarrollada en
estos tres tiempos que guardan entre sí una gran unidad, y que
podrían estudiarse bajo un mismo epígrafe, aunque es más claro,
pedagógico, y está más de acuerdo con la estructura del poema,
dejarlos separados en tres núcleos.

Centrándonos en este 4 apartado, dedicado al *Lenguaje,* nos encontramos con cuatro claras secuencias y una digresión parentética, que para mayor claridad enunciamos desde el principio:

a)   Lenguaje y situación.
b)   El problema del cultismo.
c)   Lenguaje y personaje.
      (Paréntesis o digresión sobre la mujer vestida de hombre.)
d)   El remate de las escenas.

Lo primero que pide Lope es una adecuación entre la situación más normal de la comedia —la situación cotidiana— que
puede valer para toda comedia propiamente dicha y para más
de la mitad de los pasajes de la tragicomedia, entendiendo por
tal situación las relaciones entre enamorados, entre amigos y entre familiares, incluidos los criados. En tales momentos, el poeta
sólo ha de procurar una cosa: imitar la plática o conversación
de unas personas, dos o tres, según se ve en la vida real; y ha
de hacerlo con un lenguaje *casto* y sin gastar elevados pensamientos ni conceptos. El adjetivo *casto* nada tiene que ver aquí, como
es obvio, con la honestidad de costumbres, sino que está en la
segunda acepción del diccionario de *Autoridades*: "Se dice también de las cosas que conservan en sí aquella pureza y hermosura
con que se criaron y para que fueron destinadas". Y, más derechamente, en la tercera acepción del mismo léxico: "Se llama
también el lenguaje puro, natural y nada afectado. Lat. *purus*".
Y resulta que las dos autoridades aquí enarboladas son casualmente —lo que me parece una causalidad— Patón y el propio
Lope, hermanados, impensadamente, en 1726 por los primeros
académicos, cuando en realidad estaban ya unidos —por militar en una misma tendencia literaria, que podríamos llamar *casticismo*— en la mente de Lope, incluso, tal vez, en el mismo
momento de redactar el *Arte nuevo*. En efecto, luego veremos
cómo probablemente, al hablar de las figuras retóricas, Lope
utilizó la *Elocuencia española en arte* del dómine del Campo de
Montiel. De momento, es útil recordar cómo el famoso dómine,
en su *Elocuencia*, no sólo en la primera edición de 1604, sino
aún más en la segunda, de 1621, incluida en el *Mercurius Trime-*

gistus, que por llevar tres retóricas paralelas (latina, castellana y sacra) y una gramática española, viene a ser como su enciclopedia filológica, fue uno de los defensores más fervorosos del *casticismo* literario. Un sentido muy parecido, aunque naturalmente menos teórico y más teñido por su existencia de escritor y por su situación en la cumbre literaria del momento, tuvo Lope, que desde luego se alió, entre otros muchos, con Patón, hasta conseguir que el dómine fuese su mayor propagandista en libros académicos y eruditos. Llegando a ser Patón, entre los teóricos del lenguaje, el primer lopista apasionado [74].

En 1609, el consejo de escribir con lenguaje *casto* y el de la moderación ante los cultismos, que en seguida veremos, no toman la virulencia que habrían poseído en los años sucesivos a 1612 en las polémicas gongorinas. En ese mismo año de 1609, Lope publica la *Jerusalén conquistada.* Y con esta obra y con el *Arte nuevo* se desata una guerra literaria contra él desde varios frentes neoaristotélicos, a los que se sumarán luego los frentes culteranos. Pero, de momento, en Lope no hay aquí un afán de lucha directa, sino una tendencia realmente innata en él. Además, al pedir claridad en la elocución, no hacía sino seguir a Aristóteles y a Horacio, los dos maestros que le daban la pauta para afirmar, siempre que podía, sus doctrinas. El griego, en el capítulo 22 de su Poética, empieza hablando así: "La excelencia de la elocución consiste en que sea clara sin ser baja." Y comenta que no se puede componer todo en estilo peregrino, sólo por alejarse de lo vulgar, pues precisamente "el vocablo usual producirá la claridad". Por su parte, Aristóteles se pone al lado de Arífrades, quien "ridiculizaba a los poetas trágicos por usar expresiones que nadie diría en la conversación" [75]. Esta última frase conecta directamente con el espíritu de Lope. Más cerca aún está el *Fénix* del estagirita, si miramos a la *Retórica* de éste y concretamente al capítulo segundo del libro tercero. Allí expresa que la poesía se sale de lo cotidiano, pero que al hablar de cosas de menor cuantía se será más llano. Y concreta: "Se disi-

---

[74] V. ROZAS-QUILIS, "El lopismo de Jiménez Patón" (*Revista de Literatura,* XXI, 1962, pág. 35-54).

[75] Ed. GARCÍA-YEBRA, págs. 208-213.

mula bien el artificio si se compone seleccionando de la lengua corriente, lo cual hace Eurípides, y lo mostró el primero" [76].

A este lenguaje doméstico Lope opone —al igual que Aristóteles— el lenguaje de una escena cuya situación sea tensa, y el del personaje que habla intentando persuadir, aconsejar o disuadir. Ahora sí que el poeta, ante esta nueva situación, ha de emplear sentencias y conceptos, vedados antes en el coloquio doméstico, porque, como dice muy sencillamente, cualquiera de nosotros, ante una situación difícil, echa mano de toda su persuasión con un estilo sentencioso y hasta grave, muy diferente de su lenguaje cotidiano. En realidad, Lope está marcando muy bien los niveles idiomáticos de toda persona según su situación y su interlocutor.

En lo referente al lenguaje *casto, Morel-Fatio* [77] señaló que había también un indudable recuerdo de Robortello: "Nunc dicamus de dictione. Ea debet esse in sermone comico pura, facilis, aperta, perspicua, usitata, ex communi denique usu sumpta". En realidad, Robortello está en la línea clásica de Aristóteles y Horacio, en la que se sitúa primariamente Lope. Sin embargo, sí es cierto que, a partir del verso 257, con una digresión erudita sobre el retórico Arístides, que quiso que "el cómico lenguaje / sea puro, claro, fácil, y aun añade / que se tome del uso de la gente", Lope remacha —ya de forma florida y erudita, y traduciendo directamente a Robortello— por boca de Arístides lo que antes había dicho con su propia voz con conceptos más personales y experimentales.

El problema del *cultismo* ocupa sólo cinco versos y, como antes adelanté, no parecen directamente polémicos, como lo serían de haber aparecido muy pocos años después. Primero pide, como muy bien aclara Juana de José, con la ayuda de Robortello y del *Diccionario de Autoridades,* que no se cite la Biblia, es decir, que no se glose literalmente, ni se cite textualmente la Escritura [78]. Sino que se escenifiquen

---

[76] Ed. y traducción de A. Tovar. Madrid, 1971, pág. 181.
[77] MOREL-FATIO, pág. 395.
[78] J. DE JOSÉ, págs. 166-167.

sencillamente los pasajes que, citados al pie de la letra, serían pedantes y no teatrales. Luego se dirige directamente hacia el tema de los cultismos.

Todas las autoridades, desde Grecia hasta nuestro Barroco, se habían planteado el problema del neologismo. Lope, en esto, se coloca en una tradición que, arrancando de Aristóteles —"los neologismos hay que usarlos pocas veces y en pocos lugares"— llega hasta Patón, muy intransigente en esto, pasando por Horacio ("Sé parco y cauto en sembrar vocablos nuevos"), Cicerón, Aulo Gelio, Cipriano, Quintiliano, etc. [79]. Lo que ocurre, en realidad, es que parte de esta bibliografía podía también tomarse en defensa del cultismo. Y, en efecto, a partir de las polémicas gongorinas, los enemigos y los amigos del neologismo echaron mano de todo este repertorio de autoridades, y picando aquí y picando allá, los culteranos podían rebatir con los mismos autores a los casticistas. Y crear una doctrina que, siendo contraria a ésta de Lope, podía resultar en teoría ortodoxa. Doctrina que en otra ocasión resumimos en dos puntos: *a)* Todas las lenguas tienen cultismos, el latín del griego, el italiano del latín, el español del italiano, etc., y *b)* Los cultismos se adoptan por necesidad [80].

En realidad todo dependía de la rareza del cultismo, de su frecuencia y del contexto en que estuviese metido. Nótese que Lope emplea el adjetivo *exquisitos* para los vocablos prohibidos y que los cinco ejemplos que da son verdaderamente extraños en tres de los casos, en otro, raro —me refiero a *hipogrifo*— y sólo *centauro* era y es, al menos en lenguaje poético, usual. Prueba de ello es que *centauro* e *hipogrifo* vienen en el *Diccionario de Autoridades,* y no los otros tres, que explica así Morel-Fatio, con brevedad: "Lope cite ici, come exemples de style remonté et prétentieux, des noms de lieux empruntés aux écrivains anciens et des noms mythologiques: l'île fabuleuse de Panchaia, célèbre par ses parfums (Totaque turiferis Panchaia pinguis harenis; Vir-

---

[79] ARISTÓTELES, *Retórica,* III, cap. 4, y *Poética,* cap. 21; CICERÓN, *De Oratore,* 3; HORACIO, *Arte poética,* vss. 45-72; AULO GELIO, XVI, capítulo 7; CIPRIANO, *Retórica,* III, cap. 9; QUINTILIANO, I, cap. 10.

[80] QUILIS-ROZAS, "Epístola de Manuel Ponce al Conde de Villamediana en defensa del léxico culterano" (*Revista de Filología española,* XLIV, 1961, 412-23).

gile, Géorg. II, 139), le Métaure, fleuve de l'Ombrie, illustrée par la défaite et la mort d'Asdrubal; les Semones ou demi-dieux" [81]. A esta brevedad añade Juana de José una serie de libros que pudieran ser la fuente, más o menos directa de Lope para estas voces, aunque ella misma reconoce que el *Fénix* las pudo citar espontáneamente recordando sus lecturas.

Lo que no se ha recordado al comentar estas voces es que una de ellas, a pesar de esta prohibición, en texto tan clave, o precisamente por ella, comienza nada menos que *La vida es sueño*. Recuérdese que en el primer parlamento, el primer sintagma es *Hipogrifo violento*. Yo no sé decir si Calderón tuvo presente, en esta ocasión a la contra, el *Arte nuevo,* como tuvo a la vez a favor y a la contra, para reformarlos, muchos textos dramáticos de Lope, pero sí diré que es muy significativo y hasta simbólico que la primera gran obra de Calderón, y tal vez la más grande de todas, empiece con un cultismo prohibido por Lope Entre los dos median —además de casi cuarenta años de edad— docenas de poemas gongoristas: el triunfo imparable del cultismo por el cultismo.

Los versos dedicados a la adecuación entre personaje y lenguaje (vss. 269-279) se deben claramente a la experiencia dramática de Lope. Por eso son muy importantes. Resultan concisos y a la vez ricos —tanto como aforismos— y recuerdan en su estilo y formulación a los que luego veremos que dedica a la métrica. En primer lugar, son una declaración del sistema de personajes que funcionan en la comedia nueva: el rey, el viejo (casi siempre, padre), los amantes —luego separados en el galán y la dama, y el lacayo, del que no se menciona su verdadero y fundamental nombre: *gracioso*. No se nombra directamente a la criada, personaje también importante, que tal vez vaya implícito en la mención al lacayo. De todas formas, si con poca propiedad en la terminología —y esto es frecuente en el *Arte nuevo* que no dice *jornada,* ni *traza,* ni *gracioso,* ni *corral,* ni casi ninguna de las voces del *argot* de la comedia, como si Lope buscase, por razones de cautela, evitarlas a los oídos cultos— los seis personajes claves de la comedia están aquí citados: el poderoso (rey),

---

el padre (viejo), el galán, la dama, el gracioso y ¿la criada? [82].
Si damos a estos personajes el valor de funciones dramáticas,
tendremos los de centenares de comedias: *poderoso* (rey, príncipe, noble, comendador, etc.); *padre* (todo viejo guardián del honor de una casa); *galán* (héroe, antihéroe, pretendiente, soldado,
enamorado, o varias cosas a la vez); *dama* (toda una gama de clases sociales); *gracioso* (con todas sus variantes posibles de soldado
a bobo pastoril) y *criada* (en función de la altura social de la
dama, desde compañera noble, y aun hermana, hasta fregona).

Los seis personajes representan cuatro niveles lingüísticos: el
rey, el viejo, los amantes y los criados. En realidad, tres más
uno especial, pues el rey hablará con la irrepetible "gravedad
real". El pasaje, con ese "imite cuanto pueda", recuerda la adversativa, sobre la majestad real, de Felipe II y su poco gusto
por ver a los monarcas en escena, de los versos 159 y siguientes. Esta prudente cautela parece desaparecer ya en 1618, cuando Guillén de Castro —de otra extracción social— dice que en
la comedia se "hace un rey con tal efecto / que me parece al de
España, / de suerte que a mí me engaña, / y obliga a tener
respeto" [83].

Los otros tres niveles lingüísticos sí pueden establecerse en
comparación y sistema. Por un lado, el nivel culto (viejos y
amantes); por otro, los lacayos, que no pueden, ni en fondo ni
en forma, comportarse tan cultamente lingüísticamente, como
los de ciertas comedias extranjeras, posiblemente italianas. En
el nivel culto, el viejo da la nota conceptual, filosófica y doctrinal: intelectiva; y los amantes la connotación pasional y subje-
tiva, con brillo poético y lenguaje imaginativo y metafórico. Lo
noético frente a lo poético, en líneas generales. Y lo culto frente
a lo popular. Esto tendrá luego miles de excepciones, empezando porque a veces los lacayos de Lope hablarán cultamente, e
incluso los labradores. A veces, con el recurso de "leí el otro
día", o "escuché al cura en la iglesia que", etc.

Naturalmente que todas estas recetas buscan la verosimili-

---

[82] V. JUANA DE JOSÉ, *Teoría de los personajes de la comedia nueva*,
Madrid, CSIC, 1963.
[83] Ed. JULIÁ. Madrid, 1926, II, pág. 492.

tud. Por eso dice: "Guárdese de imposibles, porque es máxima que sólo se ha de imitar lo verisímil" y se procure que de ninguna manera —por igual razón— un personaje "se contradiga en lo que tiene dicho". Sin embargo, en los desenlaces lopianos, esta receta es muy acomodaticia.

Lope, al hablar del lenguaje dramático, parece tener a Horacio en la mente. El latino había distinguido, de forma semejante —aunque en otro sistema dramático-social—, los caracteres de los personajes, y da mucha importancia a quien habla: sea Dios, o héroe; o anciano, o joven; o matrona o nodriza; un mercader o un agricultor [84]. En otro pasaje —más general y menos válido para el texto— Horacio distingue los personajes literarios en función de las cuatro edades: *puer, juvenis, virilis* y *senilis,* en tono casi paralelo al de las miserias del hombre a su paso por la vida de los textos ascético-cristianos [85]. Pero en esta ocasión, Lope no actúa como cuando sigue a Robortello, tan de cerca que no le deja ver la verdad de su propio teatro, sino que sigue a Horacio muy de lejos, por lo que puede estructurar bastante bien, según la experiencia, los personajes de la comedia barroca. Lope se mueve aquí remodelando con su experiencia la vieja tradición, que no es sólo horaciana, pues muchos rétores dedicaban espacio a distinguir cómo un orador viejo no podía hablar como un joven, ni un obrero como un gobernante, lo que está tanto en Aristóteles —de donde nace el tema de las edades, que para él son tres, quitando la niñez— como en Boileau, pasando por Vauquelin de la Fresnaye, o nuestro Luis Vives [86].

En los seguidores de Lope, ya como teóricos, ya como dramaturgos, el tema del personaje aparece tantas veces que me veo obligado a resumir mucho. Para empezar, Suárez de Figueroa, casi seguro teniendo el *Arte nuevo* delante, le vuelve a Lope la oración por pasiva, y dice que en su tiempo se escriben comedias

---

[84] *Epistola ad Pisones,* vss. 111-117.
[85] Id., vss. 153-178. Recuérdese que el tema de las edades aparece claramente en el *Arte nuevo* en los versos latinos del final.
[86] Todos parten de ARISTÓTELES, libro II, capítulos 12-14, de su *Retórica,* y de HORACIO, *Epistola ad Pisones,* vss. 156-178. En Francia tuvieron mucho eco estos pasajes. V. HORACIO, ed. Plessis-Lejay, París, Hachette, 1909, pág. 600.

inverosímiles, con faltas de respeto a los *príncipes,* presentando a las *reinas* sin decoro. Y más concretamente: "Allí habla sin modestia el lacayo, sin vergüenza la sirviente; con indecencia el anciano" [87]. No tiene, desde el *Arte nuevo,* desperdicio la cita, pues hasta nombra a la criada, que no está en el texto de Lope.

Turia y Boyl refrendan a Lope, como era de esperar. El texto de Turia es importante, pues defiende directamente, en contra de los censores racionales, el derecho al uso dramático nuevo —aun contando con sus fallos y abusos— según el cual el gracioso tiene licitud para llegar al retrete más íntimo de la dama y aun de la reina; los pastores pueden hablar como filósofos; y el galán ser universal en todas las ciencias [88].

Entre los teóricos, Alcázar se limita, como tantas veces, a glosar el *Arte nuevo,* citándolo nominalmente [89]. Más cuidadoso y original, también como suele, es Pellicer, que dedica el precepto tercero a "la dulzura del estilo, saber acomodarse el poeta a la materia que trata, cogiendo el aire a los pasos que escribe", y el precepto cuarto a cómo ha "de revestirse el poeta de aquellos mismos afectos que escribe, de modo que no sólo parezcan verosímiles, sino verdaderos" [90], lo que se relaciona con el modo de actuar los amantes, según Lope, transformándose el recitante, y, por él, el espectador.

La breve digresión sobre los disfraces de varón no tiene ni secreto ni interés teórico. Sí muestra la importancia "teatral", de "tablas", que tuvo este recurso, pues Lope pierde el hilo de *lenguaje y personaje,* y en cuanto que aparece la dama ya la está, incluso en su *Arte nuevo,* vistiéndola, *in mente,* con "disfraz varonil", lo que "suele agradar mucho". Sobre este punto quiero simplemente recalcar el fondo erótico y de *cinedrama,* como diría Menéndez Pidal, que tiene tal disfraz. El pantalón y la media ajustados eran, paradójicamente, un "destape", como se dice hoy, si partimos de la ropa femenina de la época. La actual moda fe-

---

[87] *Preceptiva dramática,* pág. 175. V.' también *El Pasajero,* Madrid, 1913, ed. RODRÍGUEZ MARÍN, pág. 75.

[88] *Preceptiva dramática,* pág. 176.

[89] *Preceptiva dramática,* pág. 334: lee a Lope en el parágrafo 23 de *su Arte,* alega como autoridad.

[90] *Preceptiva dramática,* pág. 267.

menina de pantalón ceñido, que va sustituyendo a la minifalda, nos puede dar una idea del problema. Para aquellos hombres, sin imágenes de cine o revistas ilustradas, como ya señalé, el teatro tenía también ese aliciente erótico. Además, claro está, de las situaciones argumentales que la dama "hecha hombre" provocaba por su proximidad a los hombres como camarada, sirviente o señor. Teóricamente, el disfraz se prohibió, e incluso —como muestran las leyes conservadas— a finales del XVI, se evitó la actuación de mujeres, cosa que, en la práctica, por suerte, no se impuso [91]. Es más, el propio Ayuntamiento de Madrid defendía el disfraz varonil con estas astutas —y a la vez claras— palabras: "En cuanto a que la mujer que representa no vista el traje del hombre, ni al revés, puede haber moderación, mas no se puede del todo prohibir, pues es muy cierto que a veces es paso forzoso en la comedia que la mujer huya en hábito de hombre, como en sagradas y auténticas historias de estos reinos está escrito. Debe, pues, para esto permitirse, mas con orden expresa que ni el hábito sea lascivo, ni tan corto que del todo degenere del natural honesto de mujeres..." [92]

Por último, Lope acaba con un consejo útil: "Remátense las escenas con sentencias", para que al terminar la secuencia [93] quede satisfecho el público. En efecto, esto lo cumple muchas veces, y llega al uso normal de la despedida, con el *plaudite,* del final de cada obra, dando en muchas ocasiones el título de ella

---

[91] Así, una prohibición del Consejo de Castilla de 1596 (COTARELO, *Controversias,* pág. 620).

[92] *Memorial de la Villa de Madrid, dirigido al Rey Don Felipe II, para que levante la suspensión en las representaciones de comedias* (COTARELO, *Controversias,* pág. 424).

[93] Esta práctica es frecuente en Lope. En *El villano en su rincón* varias escenas mayores en situación final de acto o intermedio terminan con verdaderas sentencias, como "ducados hacen ducados; / con duque te has de casar" (pág. 22); "que el villano que se hace caballero / merece que le quiten su dinero" (pág. 51). En esta obra, las tres escenas finales de acto acaban dando, en una especie de sentencia, el título de la obra: "Lo que se estima y se ensancha / el villano en su rincón", acto I. "El villano en su rincón / pues no ve al rey el villano", acto II. El tercero acaba citando el título y dirigiéndose al "senado", pero ya sin forma de sentencia (BAE, núm. 250, Madrid, Atlas, 1972, págs. 13 a 67).

y hasta a veces la indicación del género (tragedia, tragicomedia, comedia). Con formas tan directas como la de este ejemplo:

DON PEDRO

Esta comedia, senado,
hecha por daros contento,
se llama...

ELVIRA

yo lo diré:
Servir a señor discreto [94].

---

[94]   BAE, núm. 250, Madrid, Atlas, 1972, pág. 504. El P. ALCÁZAR, *Preceptiva dramática*, pág. 339, llama a esto, de forma convincente, *epílogo*, pero se da cuenta de su entronque con los antiguos ("valete et plaudite") y de cómo en el XVII se dice "con variedad de frases".

5. METRICA

305   Acomode los versos con prudencia
              a los sujetos de que va tratando;
              las décimas son buenas para quejas;
              el soneto está bien en los que aguardan;
              las relaciones piden los romances,
310   aunque en otavas lucen por extremo;
              son los tercetos para cosas graves,
              y para las de amor las redondillas.

                                  (vss. 305-312)

Estos famosos ocho versos responden perfectamente al ideal de la parte doctrinal. De la manera más breve y concisa, en clara formulación aforística, olvidado por completo de la poética clásica y fijo el norte de su *experiencia-intuición,* Lope nos da un precepto general y seis (o, con más exactitud, cinco, uno de ellos doble) preceptos parciales sobre el uso de las estrofas y series métricas en el teatro. Obsérvese que digo *experiencia-intuición,* por razones que en seguida explicaré, y no *experiencia* sólo, voz que cuadraría, aparentemente, más a la frase que acabo de escribir. De momento, baste señalar que por esas dos palabras unidas por un guión quiero decir *lo que Lope intuye que es su experiencia,* aunque en un caso tan complejo y casuístico como es la versificación en la comedia, el despachar el uso de cada estrofa con un verso, conduce —en manos de críticos positivistas— a evidentes incomprensiones y errores ante la palabra de Lope.

El precepto general, acomodar el estilo, en este caso la métrica, a los temas, es el impulso central del *Arte nuevo.* En los momentos más importantes en los que habla de la elocución, siempre la regla de oro es ésa, según vimos en el apartado anterior. El lenguaje —y por tanto, en consecuencia— el metro se adecuará a la temática, a la situación y al personaje. En último término, es una regla emparentada con la verosimilitud que preside toda la poética de Lope y cruza de arriba a abajo todo el *Arte nuevo.*

El teatro barroco español se caracteriza por la polimetría, que es consustancial a él. Ya por razones técnicas, nacidas de acomodar el lenguaje y el tono a la situación, siendo las situaciones muy variadas, por ser tragicomedias las obras, en las que caben desde el tono de farsa hasta la tragedia bíblica; ya por razones históricas, puesto que el Siglo de Oro entero se caracteriza —y mucho más en su momento de mayor apogeo lírico, Lope, Góngora y Quevedo— por la pluralidad de metros, a la que no escapa ni la ortodoxa e italianizante novela pastoril, pudiendo ser una de ellas una antología de métrica (Gil Polo), ni la novela cervantina *(La Gitanilla, Rinconete, El Quijote)* ni aun la novela picaresca *(La pícara Justina).* Poesía bifronte —octosílaba y endecasílaba— que si se enfrentan ocasionalmente en el siglo XVI, se unen en un mismo tronco en el Barroco. Y dentro de cada lado, del verso español y del italiano, encontramos una gran multiplicidad de metros y tonos en los grandes poetas. ¿No podríamos decir que las obras poéticas de Góngora, Lope y Quevedo son realmente polimétricas, como realmente son tragicómicas? Del *Píramo* y *Tisbe* al *Polifemo,* de la escabrosa letrilla a las *Soledades;* de las redondillas del *Isidro* a la silva del *Laurel de Apolo,* de los romances moriscos al soneto petrarquista o al antipetrarquista a lo Burguillos; de la jácara a la poesía metafísica, de la seguidilla a la epístola censoria. Así, nada más normal que esa polimetría, que es al espíritu de Lope —la polimetría, no se olvide, se reduce en Calderón —lo que el alejandrino en cuádruple repetición de rima es a Racine. El genio de Shakespeare usa una experiencia formidable, la mezcla del verso y la prosa, más cercana a la solución española que a la francesa, pero distinta. Y muy beneficiosa *per se,* para acomodar los versos al sujeto;

y *per accidens,* al ser traducida a otras lenguas, en las cuales la parte de prosa, más fácilmente traducible, da pie, además, a traducir ya todo en prosa. Por ello —y por su genial universalidad— Shakespeare suena tan próximo —no digo tan bien— en todos los idiomas, y en todos los momentos lingüísticos. Llega al público iletrado foráneo —el español no es capaz de oír versos que no sean del *Tenorio*— en prosa poética. Algo así como pasar de una sala de arte abstracto a una sala neofigurativa, como pasar de *Eternidades* a *Platero y yo.* Un alivio para el no habituado. Un alivio para el que no sabe hallar la forma literaria y sí —por su inteligencia natural— el contenido. (Hablo después de la experiencia de leer con alumnos trozos de dramas de Lope, puestos por ellos en prosa. La experiencia es interesante unas veces, frustrante otras, dependiendo mucho de la sensibilidad literaria del alumno.)

El teatro español, como es bien sabido, sólo emplea la prosa en el siglo XVII, excepcionalmente, como en los entremeses. Mayor excepción son las cartas que se dirigen los personajes de la comedia lopista. O, mejor dicho, las misivas o billetes, pues si la carta es larga y sobre ella va a discurrir una secuencia entera, como en *El caballero de Olmedo,* con frecuencia va en verso. Si es una corta misiva o un billete amoroso, puede ir en prosa o en verso, y las razones —a primera vista parece que se trata de un foco de atención por el cambio del punto de vista, al cambiar la prosa por verso, caso opuesto al de la novela— no parecen bien definidas. A veces, parece observarse un afán distanciador; otras, verista.

Sea como fuere, el teatro barroco español se caracteriza —junto a ser tragicómico y usar de un cierto modo las unidades— por ser polimétrico. Y en tiempos de Lope este carácter se muestra de una manera amplia, pues, según Motley-Bruerton, encontramos hasta once formas métricas distintas en algunas comedias, y hasta 53 mutaciones de versos en otras [95].

En principio, ni Lope, ni en general los restantes españoles, se oponen al teatro en prosa, siendo *La Dorotea* un alto ejemplo,

---

[95] *Cronología de las comedias de Lope de Vega,* Madrid, Gredos, 1968, pág. 118.

si bien esquinado y explicable por la serie literaria a la que pertenece; y, a fin de cuentas, introduce también versos. Romera Navarro demostró cómo los hombres del XVII veían superioridad en el verso sobre la prosa para la comedia cotidiana de corral de comedias. Yo me lo explico desde tres puntos de vista: *a)* el *sociológico,* por su público, analfabeto, que recuerda el ritmo de las estrofas y por ellas recuerda y reconoce el estilo, así como por ser más fácil de aprender para los actores —actores habituados al verso— las obras con la ayuda de la rima y la cantidad; *b)* el *temático-estilístico,* pues estamos ante una comedia que es poética por excelencia, de un lado, y de otro idealizante, y que a veces está emparentada con la cancioncilla tradicional, el romancero y la épica; *c)* el *psicológico,* por ser el drama de una época donde el ingenio es el arma que lo corta todo, y ser ésta una espada más hiriente, aun dentro de lo idealizante —para descartar lo cortante hacia abajo, a lo Quevedo— que la misma prosa, por ser estilísticamente más voluble, afilado y rápido el verso.

Recordemos que Cascales dice que el verso no es esencial, que él no se opone a que se hagan comedias en prosa, que saldrán más verosímiles (costumbrismo de *El Retablo de las maravillas,* y su mensaje social), pero que serían menos deleitosas. Piensa que se podría traducir en prosa el *Eunuco* de Terencio, pero que perdería ornato, dulzura, armonía, etc. Para preguntarse algo fundamental hoy: pero ¿estas cualidades cuántos saben apreciarlas? [96] De manera parecida piensa el Pinciano [97].

Lope, además, tenía a favor del verso el ser un facilísimo versificador. Estaba más dotado para el verso que para la prosa, sobre todo antes de llegar a su madurez literaria. Y sentía la natural versatilidad de la polimetría, como inherente a su naturaleza poética. De manera que se complacía en una especie de proteísmo poético, caminando —y viceversa— de la métrica italiana a la castellana o castiza. Y cuando vio ésta amenazada

---

[96] *Tablas poéticas,* Madrid, Sancha, 1779, pág. 15.

[97] *Filosofía antigua poética,* ed. Carballo, Madrid, 1953, I, págs. 206-207. Hace una observación muy interesante a este respecto: "Los que dicen entremeses... parecen mucho mejor en prosa que parecerían en verso."

—al compás, según él quiso entender— del culteranismo, hizo profesión de fe en la poesía del ingenio del siglo xv y en la redondilla, que todo era uno para él. No hará falta dar textos sobradamente conocidos. Son punto capital en la polémica culterana del siglo xvii.

Hoy día, con los libros de Morley-Bruerton y Diego Marín, podemos discutir si los preceptos particulares sobre el uso de las estrofas que da Lope son reales de cara a lo que luego realizó en sus obras. Ambos libros, con mejor sensibilidad y tino el de Diego Marín, nos dicen que, en general, no [98]. Juana de José replica, con respecto a los resultados de Marín, que al trabajar éste con una selección de obras, los resultados no pueden ser definitivos [99]. Esto es verdad. Y en general todo lo que dice sobre el problema Juana de José me parece muy sensato y dentro del mejor espíritu lopista. Pero creo que para entender el *Arte nuevo,* que es ahora mi principal meta, nos sobran toda clase de estadísticas. Y sobre todo nos sobran las repetidas aseveraciones de Morley y Bruerton que demuestran que Lope no cumplió con éste, con éste y con este precepto. Doy el comentario más importante y general de su libro al respecto: "La descripción de Lope de los usos de las diferentes estrofas parece en general más una invención del momento para los fines del poema que una descripción de su práctica habitual estudiada con todo cuidado. Lo que dijo de las reglas clásicas de la dramaturgia lo pudo haber dicho de sus propias reglas para el uso de las estrofas: encierro de los preceptos con seis llaves" [100].

Este ingenioso final de los excelentes y pacientes investigadores es un colmo de ironía positivista. Han escrito literalmente "de su práctica habitual *estudiada con todo cuidado".* Y me pregunto: ¿cabe en cabeza no deformada profesionalmente por tantos cuadros estadísticos de métrica —que desde luego yo uso y respeto— el hacer tal aseveración de los usos de Lope? Y, sobre todo, ¿cabe la más mínima posibilidad de que Lope intentase

---

[98] *Uso y función de la versificación dramática en Lope de Vega,* Valencia, 1968, 2.ª edición (*Estudios de Hispanófila,* 2).

[99] J. de José, pág. 196.

[100] *Cronología,* cit., pág. 107.

un estudio riguroso en la tesitura del *Arte nuevo,* ni en ninguna? . Antes hablé del binomio *experiencia-intuición.* Es el momento de desarrollarlo. Lope habla de forma lacónicamente experimental. Nada de teorías ni de reglas clásicas. Sentencias, según lo que él cree de una manera intuitiva. Para tal situación intuye tal estrofa. Para ello se basa, no en el examen de sus obras, ya escritas, sino en la abstracción de lo que cada estrofa había acumulado de historia, o mejor sería decir de tradición, dentro y fuera del teatro. Lope tiene una clara idea de los valores funcionales de cada estrofa ·y de la configuración que la tradición había dado a cada una. Y esto le hace aproximar esa tradición métrica y la de su propio teatro a unos —ahora veremos que no tan errados— aforismos. Una aproximación que no es medible sino con la distancia de tres siglos y con las matemáticas. Por eso el excelente libro de Morley-Bruerton, curiosamente, es lo mejor que tenemos sobre la materia, y sin embargo está hecho sin entender parte del espíritu del *Arte nuevo,* y aún, tal vez, sin entender zonas del espíritu de Lope. Prueba de ello es la escasez de conclusiones estilísticas y vitales a que llega, tras la labor más dura que nadie haya acometido jamás sobre Lope, comparable sólo a la de los prólogos de Menéndez Pelayo a la edición académica.

Que el romance se venía usando para la épica y la narrativa, y que por tanto era lo acomodado para las relaciones que se dijesen en la comedia, es claro como el agua; que por su facilidad de metro y rima, y por su velocidad de crucero dentro de una comedia, eran propicias para las relaciones es tan claro como lo anterior; el que además !.ope las use para muchas otras cosas o use otras series o estrof is para las relaciones, nada quita de exactitud a la frase de Lope. En el incipiente periodismo de los pliegos sueltos, ¿no era el romance vehículo fundamental para relatar los sucesos? Igualmente, el que, en el Barroco y años anteriores, la octava sirviese como vehículo esencial a la épica culta, y luego a la fábula mitológica de gran vuelo, indica que era bien propia para las relaciones que, con mayor elegancia, se quisiesen lucir más. Y que Lope oponga el romance, vehículo de la épica popular, a la octava, vehículo de la épica culta, es una razón más de su adecuación al uso de ambos. Al uso ideal, no al existencial de cada momento.

El que el soneto, por su brevedad, morfología tectónica y complicación métrica, rellene los momentos de transición y los soliloquios, y que ocupe —aun con otros personajes en escena— posición central en momentos de grave reflexión o que sirva de foco de atención en momentos de gran interés dramático o amoroso, también es evidente. Es muy probable que Lope, al decir "los que aguardan", ensanche el campo semántico de este verso en el sentido que quiere Juana de José, hacia *el que espera* [101]. Diríamos, para el que está *en tensión esperanzada con evidente duda*. Pero esto es ir más allá del *Arte nuevo*. Lope da un aforismo simple, no abre un abanico de casuística; para hacer ese abanico, y observar con detalle sus varillas, está la crítica posterior.

Igualmente, no hay cosa tan evidente como que la tradición del terceto estaba preñada de gravedad. Entró en el país para hacerse cargo de sesudas epístolas en manos de los garcilasistas, desde el mismo Boscán. Y así seguía en la *Epístola moral* o en la *Censoria,* en pleno Barroco. Y así sigue en la respuesta a Neruda de Panero, en su *Canto personal,* en época y generación en que se volvió al Siglo de Oro. Esta estrofa —véanse las inteligentes matizaciones de Marín— "se usa generalmente para cosas graves, lo que no significa asuntos o personajes de alta categoría, sino situaciones en que expresan sentimientos elevados o líricos" [102]. Mas la clave, no para entender toda la métrica dramática del *Fénix,* pero sí para entender el *Arte nuevo,* es unir la gravedad intrínseca del terceto a la tradición de manifiesto moral y de epístola que traía desde antiguo.

Casos más discutibles son los de las redondillas y las décimas. Por eso las uno aquí, al final. Parece claro que al hablar de redondillas —como ya se ha dicho— está pensando tanto en la redondilla simple como en la quintilla. Así también lo siente Pellicer expresamente [103]. Ambas formas fueron muy amadas por

[101] J. DE JOSÉ, pág. 198.
[102] *Uso y función de la versificación dramática en Lope de Vega,* cit., pág. 60.
[103] *Preceptiva dramática,* pág. 267.

Lope, y, al defenderlas, se defendía a sí mismo y se situaba en la cumbre de la tradición casticista que venía desde sus predilectos escritores del siglo XV, pasando por los casticistas del XVI, como —en concreto para esta estrofa— Hurtado de Mendoza. El *Isidro,* obra que Lope consideraba poco entendida y apreciada, era la culminación del casticismo —temático, lingüístico, métrico— literario. Luego, en contacto con las luchas literarias contra gongorinos y neoaristotélicos, estas intuiciones se le irían haciendo teorías. Así, pues, para Lope, quintilla y redondilla eran nociones sinónimas de naturales, cotidianas, familiares, nacionales. Pues bien, si la comedia nueva tenía en su base los diálogos amorosos, cotidianos y naturales —aunque lo realmente cotidiano y familiar casi no entró en la comedia donde falta la vida de hogar presidida por la madre [104]— es lógico que uniese los conceptos de redondilla y diálogo amoroso. Amoroso era en la comedia un altísimo tanto por ciento de su contenido: desde luego los encuentros de amor, siempre largos; más la exaltación de ella por él —o viceversa— ante el amigo, el gracioso, la amiga o la criada; más todo lo que se dice en torno a damas y galanes. Casi todo en una comedia de capa y espada; bastante menos en una comedia histórica. Creo, pues, que Lope quiere decir *redondillas igual a lo habitual y cotidiano en la comedia*: el amor Es decir, como marca la sintaxis del texto, las *cosas cotidianas* que se oponen a las *cosas graves,* que van en tercetos. Prueba también esto el testimonio de un enemigo de la comedia nueva y enemigo de la polimetría, Suárez de Figueroa, que pide para la comedia redondillas, como el verso más apto, "tan suave como el toscano", si bien por su brevedad "recibe poco ornato" [105]. Pellicer, sin embargo, no estima —piénsese que escribe en 1635 y es gongorista— mucho las redondillas. Cree que debe utilizarse para enlazar "la maraña de la comedia y que sirvan a los poetas de lo que la linaza a los pintores, que sólo es útil para atar los

---

[104] No son frecuentes escenas como las de *El condenado por desconfiado,* entre el padre enfermo y el hijo; el cuarto de muñecas en *Las muñcas de Marcela;* o algunas escenas de *El mayordomo de la Duquesa de Amalfi* del matrimonio entre sí, y para con los hijos y criados.
[105] *El pasajero,* ed. RODRÍGUEZ MARÍN, Madrid, 1913, pág. 79.

colores" [106]. Esta función secundaria que le da Pellicer, y la total que le da Suárez de Figueroa, no creo que vayan directamente en contra del uso de función de lo normal y cotidiano, que es lo amoroso en la comedia de capa y espada.

Un caso distinto —y de explicación más opinable— es el de la décima. Según el estudio de Diego Marín —cuyas conclusiones, si basadas en una selección, me parecen válidas, aunque no sean definitivas—, Lope empieza a usar bastante la décima desde 1613. Antes la usa muy poco, y en sus primeras obras, casi nada. Sin embargo, desde 1613 hasta su muerte fue utilizada por él más y más, y con ese sentido de queja, ya ante la persona amada, ante un tercero, o incluso en monólogo, en trato paralelo al soneto. Por otra parte, es inmediato recordar la importancia que esta estrofa tiene en Calderón como vehículo de queja o de silogismo, tanto en su teatro profano como en el sacramental. La culminación estaría en la gran queja del teatro español, el soliloquio —soliloquios— de Segismundo. Además, la décima es estrofa tardía. Y tardíamente la introduce Lope en abundancia en su teatro.

Lo asombroso es que, ya antes de usarla con frecuencia, el dramaturgo sentencie, en un aforismo, que es buena para quejas, y la coloque entre las seis estrofas seleccionadas en el *Arte nuevo,* mientras que se deja la lira, la canción, y otras que ya venía usando de vez en vez, y cuyo uso será también, luego, siempre restrictivo. No quiero acudir ni a la falta de estadística exhaustiva, ni a las muchas obras perdidas. Dentro de mi manera de verlo, Lope tiene la intuición —basada en su experiencia poética— de que en su futuro inmediato (a los cuatro años es ya realidad) la décima va a ser importante como lo va a sentenciar después el uso creciente de esta estrofa. Uso que remachará Calderón. Porque, en efecto, por su extensión y por su morfología, la décima se presta a la queja corta y a la queja larga —pues pocas veces irá sola—, así como al silogismo. Estrofa que por su forma tectónica resulta paralela, dentro del arte menor, al soneto. Y con parecidos usos, pues aparecen poemas de una sola décima, tanto en tono lírico como satírico, a lo largo de todo el siglo XVII.

---

[106] *Preceptiva dramática,* pág. 267.

Por último —volviendo una vez más sobre el viejo tema—, cuando decimos que Lope trató poco de versificación en el *Arte nuevo,* estamos mostrando un espíritu anacrónico, de investigadores. Herrera podía decir bastante del soneto en sus notas a Garcilaso, porque escribía un libro de poética que quería ser erudito, sistemático y científico. En la cultivada Italia, en el siglo XVII, se escribió ya el primer tratado monográfico sobre la estrofa de catorce versos. Lo hizo Meninni en *Il ritratto del sonetto e della canzone* [107]. Pero ya vimos despacio, que el *Arte nuevo* es cosa opuesta a estas obras. Y así, si revisamos los textos de teoría teatral de su época, tan abundantes, veremos que de lo que menos dijeron fue de versificación. Incluidas algunas aseveraciones sobre las diversas estrofas en relación con el teatro que nos da Rengifo en su monografía de métrica [108], en tiempos de Lope nadie dijo más que él, ni más intensamente, de una sola vez, sobre las estrofas de la comedia. Salvo Pellicer, erudito al fin, del que luego me ocupo, sólo Boyl tiene un pasaje algo más largo, pero mucho más endeble y con menor doctrina que el del *Fénix* sobre la materia. Copio el trozo del valenciano, para que el lector compare su estilo de recetillas, a todas luces sin la personalidad de los aforismos del *Arte nuevo:*

> *Y cada jornada tiene*
> *cien redondillas, aunque éstas*
> *son de a diez porque con esto*
> *ni corta ni larga sea.*
> *De tercetos y de estanzas*
> *ha de huir el buen poeta;*
> *porque redondillas sólo*
> *admiten hoy las comedias.*
> *Partir una redondilla*
> *con preguntas y respuestas*
> *a cualquier comedia da*

---

[107] Nápoles, 1677.
[108] *Arte poética española,* de JUAN DÍAZ RENGIFO, aumentada en esta última impresión. Barcelona, 1759. La primera edición es del año 1592.

muchos grados de excelencia
puesto que hay poetas hoy
avaros con tantas veras
que hacen (por no las partir)
toda una copla mal hecha.

... ...

Un romance y un soneto
pide sólo la que es buena
lo demás es meter borra
para henchir vacíos della [109].

Boyl publica esto siete años después del *Arte nuevo* —siete años plenos de vigor para el avance teatral—, y como se ve, salvo en la idea de partir las redondillas que le dicta su experiencia y que justifica la ecuación *redondilla = amor,* su texto no supera en información, en precisión, y mucho menos en garra expresiva, al de Lope, ni tenía por qué, pues el poema de Boyl era del mismo estilo vivencial y circunstancial que el del *Fénix.*

Pellicer sí tiene un pasaje sobre métrica —todo su precepto segundo— que es sensiblemente más largo, razonado y minucioso que el del *Arte nuevo,* lo cual es lógico por cuatro razones de gran fuerza: porque escribe en prosa científica; porque su posición fue siempre la de un erudito y la de un crítico; porque escribe detrás de una docena larga de teóricos lopistas, posteriores al *Arte nuevo;* y porque escribe en 1635, año de la muerte de Lope y principio de la hegemonía de Calderón, cuando ya la comedia había recorrido la mitad de su existencia. No se trata de comparar ambos textos, porque hacerlo iría en contra de la posición inicial con que me he acercado al texto de Lope. Pero sí me interesa destacar que, así como en Lope todo es interesante y, dentro de su sistema de trabajo, nada está equivocado, en Pellicer veo muchas cosas interesantes, algunas farragosas y pedantes —según su manera de ser— y algunos errores. Me parece fuera de tono de época todo lo siguiente: la forma con que maltrata a redondillas y quintillas, según hemos visto ya; su de-

---

[109] *Preceptiva dramática,* págs. 182-83.

fensa y petición de coplas de Mena y Manrique, aunque en verdad
quedaron como reliquias en algunas comedias; su renegar del
verso libre, y de los esdrújulos, que en la comedia —como los
agudos—, de vez en cuando, tuvieron su oportuno uso estilístico;
y sobre todo decir que para el estilo trágico sólo los tercetos;
"composición elegíaca que estableció para los escritos fúnebres
Garcilaso", son de verdad propios. (Nótese, de pasada, cómo
actúa como Lope, siguiendo una tradición métrica que parte del
garcilasismo). Fuera de esto, su tratamiento de la versificación
es original con respecto al de Lope, pues distingue tres estilos
—trágico, lírico y heroico—, y señala las estrofas que van bien
a cada uno. Claro que, a la postre, observamos que, salvo los
citados tercetos, da las mismas estrofas al estilo trágico que al
heroico: octavas, canciones, silvas y romances. Dando al estilo
lírico: décimas, endechas, liras, quebrados, glosas y sonetos [110].

Para mi gusto, este pasaje es un documento teórico a tener
en cuenta, pero no supera, ni en intuición ni en claridad, ni en
verdad poética —aunque sí en extensión y detalle— los ocho
versos del *Arte nuevo,* dedicados a la métrica.

---

[110] *Preceptiva dramática,* pág. 266-67.

6. LAS FIGURAS RETORICAS

> Las figuras retóricas importan,
> como repetición o anadiplosis,
> 315   y en el principio de los mismos versos
> aquellas relaciones de la anáfora,
> las ironías y adubitaciones,
> apóstrofes también y exclamaciones.

(vss. 313-318)

Si a mí me importara defender de brevedad a Lope en este apartado, hablaría largamente de que él escribió una poética genérica, teatral, en la cual menciona de pasada algunas figuras de la retórica. Pero no es ése el caso. Lope dice muy poco de figuras retóricas, porque lo esencial para él, como dramaturgo —que no como lírico y épico—, era la adecuación del lenguaje, al personaje, y este aspecto lo desarrolló bastante en el apartado cuatro. Hasta tal punto resultaba esto secundario para él, que podría haber colocado este sexto apartado dentro del cuatro. Y, a lo mejor, habría que considerarlos juntos, a no ser por un detalle fortuito de composición, cual es el que se le cruzase por medio a Lope una digresión sobre la construcción del argumento según los actos (vers. 298-304).

Ahora bien, una vez declarada la brevedad y la pobreza del apartado, no deja de tener éste cierta curiosidad por razones intrínsecas y por razones extrínsecas. Desde el punto de vista intrínseco es evidente que después de haber definido por experiencia dramática la métrica de una forma tan ajustada que se hace aforística, basándose simplemente en su *experiencia-intuición,* este apartado sexto tiene algo de concesión a los doctos académicos, y tiene algo de la perpetua vanidad de Lope. Pero sólo hasta aquí llegan mis negaciones para este trozo. Porque puesto a dar un brochazo que incluyese tintas de vanidad y de sabiduría, éste está dado de manera muy ajustada, pues de las seis figuras que cita, cinco son muy propias del teatro y, de ellas, cuatro, esenciales al estilo dramático. La sexta, la que tiene aquí un valor más bien decorativo, es la *repetición* o *anadiplosis,* que es figura más bien de poema solemne, tipo la *Jerusalén conquistada,* aunque la use también en el teatro, como todas las figuras, por supuesto, son usables en todos los géneros.

Lo que interesa, al juzgar las figuras que nombra el *Arte nuevo,* es ver su adaptación a las situaciones dramáticas, pues el problema de esta adecuación es lo que ha presidido el estudio de la métrica y el estudio de la lengua. Tras esta reflexión resulta más pertinente el estudiar este pequeño y secundario apartado sexto. Pues bien, sin salir de una zona —por supuesto, muy dramática— de *Fuenteovejuna,* se pueden ejemplificar todas estas figuras. Al buscar ejemplos de ellas, pensando en mis alumnos, acudí, un poco por las buenas, a una escena que parecía prometedora: el momento en que Laurencia incita a la rebelión a los hombres del pueblo. Hay en esta escena (vers. 1712-1814) hasta un ejemplo de *repetición* o *anadiplosis,* no muy elegante, pero sí muy efectivo, de cara a la situación dramática. Mengo dice: "¡Mueran tiranos traidores!" Y responden todos: "¡Traidores tiranos mueran!" También aparece la anáfora, figura muy querida de Lope, tanto en la poesía culta —en este mismo libro hemos comentado, con detenimiento, una— como en sus incrustaciones, más o menos adaptadas, de la poesía tradicional, que tanto usa de ella: recuérdese, por ejemplo, el *Trébole.* En este pasaje de *Fuenteovejuna* la utiliza en varias ocasiones, tanto en versos seguidos: "¿Vosotros sois hombres nobles? / ¿Vosotros padres y deudos? / ¿Vosotros...?", como en versos alternos:

> *¡Y que os han de tirar piedras,*
> *hilanderas, maricones,*

amujerados, cobardes!
¡Y que mañana os adornen
nuestras tocas y basquiñas,
solimanes y colores!

Todo el pasaje de Laurencia está lleno de *ironía*. Desde el principio:

Dejadme entrar, que bien puedo,
en consejo de los hombres;
que bien puede una mujer,
si no a dar voto, a dar voces.
¿Conocéisme...

Igualmente, todo el parlamento de Laurencia está salpicado de *adubitaciones* y *exclamaciones,* como es lógico dada su situación. En los ejemplos dados anteriormente, en las figuras citadas hay buenas muestras de ello. En la *anadiplosis* que cité, por cerrarse la escena, podemos hablar, no sólo de *exclamación,* sino incluso de *epifonema.* Y la *duda irónica* es la figura más empleada por Laurencia. Por último, no falta el *apóstrofe,* según lo entendía la retórica barroca. Por ejemplo, cuanto Esteban increpa a Dios: "¡Santo cielo!"

Morel-Fatio, en su eruditísimo trabajo sobre las fuentes del *Arte nuevo,* no puede hallar aquí ninguna pista, limitándose a citar que "Cascales en donne des exemples espagnols" de estas figuras; pero Juana de José encuentra una pista muy convincente: Bartolomé Jiménez Patón [112]. En efecto, halla que las seis figuras que cita Lope están en la *Elocuencia española en Arte,* y dos de ellas, la *anadiplosis* y la *adubitación,* ejemplificadas precisamente con *La Angélica* de Lope, y otra, la exclamación (y en realidad también el *apóstrofe)* con un pasaje de la comedia

---

[111] Ed. López Estrada, Madrid, Castalia, 1969, pág. 139 y 136, respectivamente. Patón indica, en su *Elocuencia en Arte,* fol. 76, v., que la ironía es muy propia de las comedias. Sobre la ironía en una obra de Lope, V. Rico, "*El caballero de Olmedo*: amor, muerte, ironía", *Papeles de Son Armadans,* CXXXIX, octubre 1967, págs. 38-56.
[112] Morel-Fatio, pág. 402; J. de José, pág. 205-209.

del perseguido, que me figuro será *Carlos el perseguido* [113]. Todo esto tiene gran sentido, sea positivo o no el dato de la fuente directa patoniana. Recuérdese lo que dije en la parte dedicada al *Lenguaje,* poniendo en relación a Lope y a Jiménez Patón.

En realidad, hace ya bastante tiempo que, en *El lopismo de Jiménez Patón,* dejamos demostrado que el 36 por 100 de los ejemplos de la *Elocuencia* del dómine manchego procedían de Lope [114], y estudiamos que esto era fruto de una admiración sin límites por el *Fénix,* que éste aprovechó muy bien. Tan exagerada es esta ejemplificación que Patón se vio obligado a justificarse con esta rotunda alabanza de Lope:

> No sea odioso el exemplificar tan a menudo con las obras deste autor tan singular. Que certifico que el exemplo que en otro hallo, que no lo pongo de él, y que si quisiera exemplificar todos los preceptos de rethórica en él solo, podría, que tiene exemplos para todo. Donde, aunque mucho lo que a escrito, se muestra ser bueno y cuidadoso, y sin causa le a murmurado quien dize que no guarda artificio, ni preceptos rethóricos, porque es en ellos tan universal como e dicho, y como lo da a entender en la satisfación que dirigió a don Juan Arguijo [115].

Las mutuas relaciones fueron muy cordiales y ambos se hicieron mutua propaganda en distintas ocasiones. Con estos antecedentes, la opinión de Juana de José, si bien no podamos darla como definitiva —pues falta una prueba documental, ya que esas seis figuras eran un saber mostrenco para cualquier adolescente que hubiera topado con un dómine— parece muy probable. Lope conocía muy bien la *Elocuencia* de Patón. Era un libro que le encumbraba, y que apareció en Toledo en 1604, poco antes de redactarse el *Arte nuevo.* Lope, sin duda, se fijaría especialmente en aquellos pasajes que fuesen ejemplificados con sus obras.

A todos estos detalles, que juntos configuran una prueba no

---

[113] Comedia temprana anterior a 1596 y publicada un año antes de aparecer la *Elocuencia española* en *Seis comedias de Lope de Vega Carpio,* Lisboa, 1603. Se llamó indistintamente *El perseguido.*

[114] *Revista de literatura,* tomo XXI, 1962, pág. 43.

[115] *Elocuencia española en Arte,* fol. 65 v. y 66 r., Toledo, 1604.

positiva, pero muy posible, podríamos añadir un detalle más, al menos curioso. Dos pasajes de *Fuenteovejuna* pueden tener relación directa con la *Elocuencia* de Patón. Son dos pasajes de los llamados de *inversión de valores*. Uno, que lo dice Frondoso, empieza:

> *Andar al uso queremos:*
> *al bachiller, licenciado, etc.* [116].

Ya sé que es una figura tópica de la elocuencia, en verso y prosa. López Estrada cita un pasaje muy conocido de *Menosprecio de corte* de Guevara, semejante al de Lope [117]. Pero creo que, dados los antecedentes expuestos, Lope ha podido recordar con más facilidad este tópico en un ejemplo de la *Elocuencia,* de Patón. Este, al tratar de la figura que llama *tapinosis,* pone casi al pie de la letra, si bien de más a menos, el ejemplo de Frondoso: *a un gran letrado, bachiller* [118]. Seguramente no deja de ser una coincidencia, pero teniendo Lope los ojos y el corazón tan cerca de la *Elocuencia,* bien puede cerrar este apartado, a título, al menos, de curiosidad.

---

[116] *Fuenteovejuna,* ed. LÓPEZ ESTRADA, cit., pág. 54.
[117] Ed. MARTÍNEZ DE BURGOS, Madrid, Espasa-Calpe, 1952, pág. 100 ("Clásicos Castellanos", 29).
[118] *Elocuencia española en Arte,* Toledo, 1604, fol. 48 v.

7. TEMATICA

> El engañar con la verdad es cosa
> 320 que ha parecido bien, como lo usaba
> en todas sus comedias Miguel Sánchez,
> digno por la invención de esta memoria;
> siempre el hablar equívoco ha tenido
> y aquella incertidumbre anfibológica
> 325 gran lugar en el vulgo, porque piensa
> que él sólo entiende lo que el otro dice.
> Los casos de la honra son mejores,
> porque mueven con fuerza a toda gente;
> con ellos las acciones virtüosas,
> 330 que la virtud es dondequiera amada,
> pues [que] vemos, si acaso un recitante
> hace un traidor, es tan odioso a todos
> que lo que va a comprar no se lo venden,
> y huye el vulgo de él cuando le encuentra;
> 335 y si es leal, le prestan y convidan,
> y hasta los principales le honran y aman,
> le buscan, le regalan y le aclaman.

(vss. 319-337)

A estos 19 versos hemos de añadir los versos 302-304, pues su contenido

engañe siempre el gusto y, donde vea
que se deja entender alguna cosa,
dé muy lejos de aquello que promete,

es claramente complementario del principio de este séptimo apartado que ahora entramos a comentar, y que tiene dos partes.
Cada una de ellas aporta dos ideas. La primera habla de dos
trucos de dramaturgo: *engañar con la verdad* y *el hablar equívoco,* lo que atañe tanto a los temas como a la forma de llevar
la intriga; la segunda, habla de *la honra* y de las *acciones virtuosas,* aspectos que tocan de lleno al tema o asunto de la comedia.

Las noticias que tenemos de Miguel Sánchez son muy escasas [119]. Se duda hasta de su lugar de nacimiento y se ignoran
las fechas de su nacimiento y muerte. Por la manera de hablar
Lope de él, como de algo pasado, podía ya no existir en 1609
o haber dejado de escribir para los teatros; se dice "como lo
usaba / en todas sus comedias...", como si hubiese dejado ya
su obra completa. Sin embargo, el elogio de Francisco de Herrera en el *Sannazaro español,* parece hecho a un vivo, y desde
luego en presente *(vence su pluma)* [120]. Además, el mismo Lope,
en 1630, en el *Laurel de Apolo,* recuerda precisamente su muerte, lo que parece indicar un óbito no tan lejano. No sabemos a
qué atenernos. Más importa el momento en que nace y, sobre
todo, en el que nace para el teatro. Por la cita de Lope, lo creo
algo mayor que él; además, Cervantes lo elogia con una fe que
parece apuntar hacia un dramaturgo prelopista [121]. Me atre-
vería a colocarlo entre 1547 y 1562, fechas de nacimiento de
Cervantes y Lope. Así, en 1588, como quiere Mesonero, sería
"famoso poeta lírico y cónico" [122].

Los elogios que sus contemporáneos le dedicaron iban en-
caminados hacia el ingenio y la invención, casando en esto con

[119] Las ha reunido JUANA DE JOSÉ en su *Teoría sobre los personajes
de la comedia nueva,* Madrid, CSIC, 1963, pág. 290-295.
[120] Madrid, 1620, fol. 57.
[121] *Viaje del Parnaso,* ed. RODRÍGUEZ MARÍN, Madrid, 1935, pág. 29.
[122] *Dramáticos contemporáneos de Lope de Vega,* Madrid, Rivadeneyra, 1881, I, pág. XVIII (BAE, 43).

las palabras del *Arte nuevo*. De sus "trazas artificiosas" habla Cervantes; "¿quién se sabe lo que inventa?", se pregunta Rojas; y el *seudo Franchi* lo fija así: "dove bisogna spendere concetti e sentenze" [123].

Sólo se conservan de él dos comedias, *La guarda cuidadosa* y *La isla bárbara,* pero evidentemente con sólo dos (y en aquel tiempo) no podría hacerse famoso; debió de escribir muchas más, como indica el *todas* del *Arte nuevo.* Lo curioso es que la propia Juana de José, que es quien le ha dedicado el único trabajo reciente monográfico —ya citado en nota—, no encuentre en estas comedias ejemplos de *engañar con la verdad,* como tampoco los encontró Morel-Fatio. Nada prueba esto. Bastaba el que Lope conociese otras dos comedias de Sánchez en que hubiese sendos ejemplos de *engañar con la verdad* para que pudiera hacer —dentro del tono del *Arte nuevo*— tan tajante aserto sobre el modo de escribir este dramaturgo.

Se suele entender por *engañar con la verdad* el truco dramático de levantar pistas para aclarar el desarrollo de la obra y de su desenlace, pero haciéndolo de tal modo que el espectador dude de ellas y aun las juzgue falaces. Es, por supuesto, una técnica propia de novela o drama policíacos. En los más populares *telefilmes* vemos que se nos dan dos o tres sospechosos para que el espectador elija el suyo y, con alguna frecuencia, el más marcado —por demasiado marcado— es rechazado como tal. Es, por tanto, un rasgo de literatura de masas, de literatura de entretenimiento, que no extraña gustase al público barroco. Además, es paralelo a un rasgo de lenguaje que el texto enseguida menciona: *el hablar anfibológico.*

Y, sin embargo, no es un recurso de continuo uso en la escuela lopista. Gracián, que hace a Sánchez hombre artificioso por "engañar con la misma verdad", seguramente sigue el *Arte nuevo* [124]. Y ya se ha dicho que Morel-Fatio no nos da un nombre, ni de Sánchez, ni de nadie, especialmente cuidadoso para con este tipo de *suspense.* Juana de José cita la comedia de Jerónimo de la Fuente, *Engañar con la verdad,* pero luego en su comentario

---

[123] *Essequie Poetiche,* Venecia, 1639, pág. 70.
[124] *Oráculo manual y arte de prudencia,* 1659, pág. 16.

—confieso que no he leído la obra— no parece coincidir exactamente su argumento con nuestro problema. Con palabras de
Juana de José: "María de Urbino consigue al fin, con nombre
de Claudia, enamorar al rey... cuando lo ha conseguido descubre
su verdadera identidad, la Duquesa de Urbino, con quien el rey
tiene concertado compromiso oficial de matrimonio" [125]. María
no le engaña, según esto, con la verdad, lo que resulta es que el
espectador sabe que ella es la verdadera prometida.

Creo que *engañar con la verdad* atañe en muchos casos al
suspense del desenlace, paralelamente a la "incertidumbre anfibológica" de la que, a nivel lingüístico, habla Lope. Me parece
un buen ejemplo *El semejante a sí mismo*, de Ruiz de Alarcón.
En realidad, *el engañar con la verdad* parece más propio de un
dramaturgo reflexivo, y que tienda a lo psicológico y a la intriga, como es el mejicano, que de un dramaturgo a lo Lope, que
tiende a la acción y a la poesía. Recuérdese cómo en *La verdad
sospechosa* don García se engaña a sí mismo con la verdad. En
El semejante a sí mismo, don Juan finge ser su primo don Diego.
Así, somete a prueba a su amada y prima, doña Ana, que ve a
don Diego tan igual a don Juan que naturalmente le gusta. Y se
enamora de los dos, siendo uno solo. Esto proporciona muy in-
geniosos trucos teatrales. Al principio, cuando todos esperan a
don Diego, aparece don Juan diciendo que es don Juan, para
luego asegurar que es broma, que es don Diego. Sobre este espejo
de semejanza se basa toda la comedia. Es, sin duda, *engañar con
la verdad*.

A la vista del ejemplo de Jerónimo de la Fuente y de éste
de Alarcón, creo que hay más posibilidades de acertar si inter-
pretamos *el engañar con la verdad* como dos trucos teatrales: un
fingimiento de cara al espectador y un fingimiento de un personaje de cara a otro u otros. E incluso más ejemplos halló de
esto segundo que de lo primero, aunque evidentemente existan
casos de engaño de cara al público, como el que señala Francisco Rico en *El caballero de Olmedo* [126]. Ejemplo típico es *El*

---

[125] JUANA DE JOSÉ, *Teoría de los personajes de la comedia nueva*
cit., pág. 184.
[126] V. "*El Caballero de Olmedo*: amor, muerte, ironía", en *Papeles
de Son Armadans*, CXXXIX, octubre, 1967, pág. 56.

semejante a sí mismo: yo soy yo, yo no soy yo. Engaño del galán a la dama, con la verdad, pero no engaño al espectador, que sigue encantado el truco, participando de él.

El que en los citados versos 302-304 hable de engañar al espectador y dar muy lejos de lo que promete o apunta, es arma de dos filos. Por un lado, parece una formulación paralela del truco del *engañar con la verdad,* en torno al *suspense* de cara al personaje y por eso —poco después apunta a engañar al personaje, con el conocimiento del espectador, que —inculto, como es— se siente halagado al "saber", "entender", "comprender", lo que el personaje —a veces culto— no sabe, ni entiende.

Si esta interpretación es válida, los versos sobre la aceptación de la anfibología que tiene

> *gran lugar en el vulgo, porque piensa*
> *que él sólo entiende lo que el otro dice,*

valdrían para cerrar los dos problemas: *anfibología de acción y de lenguaje,* con lo que el pasaje se estructuraría así más cerradamente.

Del hablar anfibológico sí que está lleno el teatro barroco. ¿Quién no recuerda la graciosa escena de *El caballero de Olmedo* en que Fabia y el gracioso engañan al padre de Inés con todo un juego en dobles sentidos: *profesar / casarse?* Hay que recordar también una escena tan atrevida como la del primer acto de *Castelvines y Monteses,* donde Julia parece hablar con Octavio, mirándole a la cara, mientras que en realidad habla con Roselo (Romeo, en Shakespeare), al que ella coge la mano escondiendo ambas a su espalda. Aquí hay toda una conversación anfibológica, subrayada, de cara al público, con la entrega física de la mano, que, como es sabido, tenía para los espectadores valor simbólico de compromiso. Cuando ella da un anillo, también a hurtadillas, a Roselo, dice: *Guarda aqueste,* y Octavio pregunta: *¿Qué éste guarde? / ¿qué me das?* A lo que responde Julia:

> *Puse la mano*
> *en el corazón (que es llano*

que te le he dado y rendido),
y por eso te decía:
"guarda aquéste" [127].

Parecerá que en tan breve manera de tratar los temas, Lope dedica demasiado —cómparese con lo poco que dedica al honor— al engaño de acción y palabra. Pero dentro del mundo barroco, conceptual e ingenioso, dentro de la comedia contemporánea a la agudeza de Gracián y del tipo de novela literaria que es *El buscón,* es normal este recalcar con deleite, tal procedimiento.

La segunda parte, en su primer trecho —brevísimo, dos versos— se refiere a "los casos de honra". Tan fundamental y conocido es el tema del honor que Lope no necesita pararse en él. Eso sí, lo expresa con mucha garra. Habla de *los casos de la honra,* dentro de los límites de una casuística amplia y cercana al *suceso.* (Recuérdese el nombre de un semanario de sucesos madrileño). En efecto, la voz *caso* tiene nada menos que 25 acepciones en *Autoridades.* Una de las voces que más variedad ofrece, sin duda. En primera significa "suceso, acontecimiento o hecho que regular o casualmente ha sucedido". Los "casos de honra" eran especialmente dramatizables por esa variante de la casualidad, por esa intervención de un destino con frecuencia fatal y horrendo. Con *caso* se forman expresiones interesantes paralelas, semánticamente, a caso de honra, como *caso de conciencia* y *caso fortuito,* ambas en *Autoridades,* el cual trae como segunda acepción, *accidente inopinado;* como tercera, *lance, coyuntura;* como cuarta, *suerte, fortuna, hado.* Todo ese amplísimo campo semántico tenía el problema del caso de honra. Todo él, muy teatral, muy dramático. Lope dice que "mueve con fuerza a toda gente", expresión paralela a la que usó al hablar del amor, "con mudarse a sí muda al oyente". Amor y honra eran los grandes revulsivos de las comedias del siglo XVII. Comentando el honor, Américo Castro dice que Lope "estructuró su arte con miras a conmover a *todos los espectadores*" [128].

---

[127] *Obras de Lope de Vega.* Madrid, 1972, pág. 81 (BAE, 250).
[128] *De la edad conflictiva.* Madrid, Taurus, 1961, pág. 69.

Retrato de una cómica desconocida peinándose (Anónimo. Madrid. Descalzas Reales)

Sobre la honra hay una larga bibliografía, en los últimos años, muy en conexión con el problema de las castas, traídas a primer plano por Américo Castro. El tema se sale fuera del *Arte nuevo*. Sólo insistiré en que Lope no usa la voz *honor,* que era la noción ideal y objetiva, y sí *honra,* que depende de los otros y que es una praxis y una subjetividad. Pues como dice Lope, "honra es aquello que consiste en otro", mientras que el honor radica en uno mismo. Y Lope ha explicado que: "Ningún hombre es honrado por sí mismo, / que del otro recibe la honra un hombre; / ser virtuoso hombre y tener méritos, / no es ser honrado; pero dar las causas / para que los que tratan les den honra" [129]. De otra forma, dice A. Castro, "el honor *es,* pero la honra pertenece a alguien, actúa y se está moviendo en una vida" [130]. De ahí el valor épico del honor y el valor dramático de la honra.

Otro asunto fundamental en el teatro barroco es el de las acciones virtuosas, pues "la virtud es dondequiera amada". *Virtud,* en el doble sentido del *virtus* latino-pagano de *valor, esfuerzo,* y en el cristianizado, de *virtuoso, honrado, bondadoso,* que estaba también en el latín, secundariamente, como "perfección moral". Virtuosos, a lo humano y heroico, o a lo divino y místico, cruzan continuamente y llenan las comedias barrocas. Pero a mí me interesa, más que la formulación —tan archisabida—, la manera con que Lope la proyecta sociológicamente por medio de un ejemplo. Pues resulta de él toda una definición del público barroco: ingenuo, apasionado, popular y nada distanciado. Con palabras de Brecht, puramente aristotélico. Público que vive el teatro como vida, y tal vez la vida como teatro. El teatro de Lope es con frecuencia, por su estructura —como el propio Brecht explicitó [131]— épico muchas veces, pero en cuanto a la forma de hacer los actores y de reflejarse su situación en el público era aristotélico. Hace un momento me he referido a ello, al hablar del amor y el honor como temas que mueven y transforman al espectador en el personaje. El caballo

---

[129] *Los comendadores de Córdoba. Obras de Lope de Vega,* Madrid, 1968, págs. 47-48 (BAE, 215).
[130] *De la edad conflictiva,* cit., pág. 69.
[131] V. nota 49.

de batalla de muchos moralistas barrocos era precisamente ése, el de la identidad *actor-personaje-espectador*. Aquí Lope establece la dualidad entre comediantes especializados en hacer de buenos (galanes o viejos y poderosos virtuosos) y otros en hacer de malos, destacándose la acción de traidores, como la más grave. Este flagrante hecho de la continuidad de la fábula más allá del escenario explica muy bien el tipo de público que, como ya he dicho más arriba, tiene el mejor, y a veces único, contacto con la literatura y la fantasía a través del teatro, el sermón y el cuento oral, pues es analfabeto. De ahí esas relaciones apasionadas —para silbar o aplaudir; para regalarles o para ni siquiera venderles algo— que muestra este pasaje del *Arte nuevo*.

Como sustentación de ese público activo en extremo hacia argumentos, temas e ideas, y hacia la forma de realizarla, está el evidente miedo que muestran los actores y dramaturgos de cara al público. La "furia mosqueteril", como la señaló Suárez de Figueroa [132] está reflejada por todas partes. Recuérdese el prólogo de Ruiz de Alarcón, la anécdota del jefe de los mosqueteros, que cuenta el P. Alcázar en su *Ortografía,* o el pasaje del *mirón* que trae Zabaleta [133].

Los casos de honra y las acciones, virtuosas o no, podían tener una relación directa. Unos personajes podían tener una conducta no virtuosa a veces en relación con el tema del honor. Bances Candamo, en un capítulo fundamental sobre la moralidad del drama barroco, *De los argumentos de las comedias modernas,* tras defenderlas en general con fuerza, señala que, sin embargo, puede haber "casos horrorosos". Y da dos ejemplos: Uno de Rojas, *Cada cual lo que le toca,* obra que fue silbada por encontrarse un caballero recién casado a su esposa violada por otro y por la conducta dubitativa del casado. El otro ejemplo —sólo de acciones no virtuosas— es una comedia de Calderón, en la que un galán abofeteaba a su padre [134].

---

[132] *Preceptiva dramática,* pág. 189.
[133] Respectivamente, *Preceptiva dramática,* pág. 329, y "El día de fiesta por la tarde", en *Costumbristas españoles,* ed. Correa Calderón, Madrid, Aguilar, 1964, I, pág. 229.
[134] BANCES, *Theatro de los theatros de los passados y presentes siglos.* Ed. Moir, Madrid, Tamesis Book, 1970, pág. 35.

Por último, la alusión a "los principales" merece unas líneas. La afición al teatro, por parte de muchos principales y hasta príncipes, suavizó las duras condiciones teóricas de la vida de los cómicos. En teoría vivían en un *getho,* a veces dorado, a veces negro. Tenían que pedir permiso antes de entrar en Madrid como compañía, se casaban entre ellos, se les analizaba continuamente, desde lo social y desde lo religioso[135]. Igual ocurría en el resto de Europa. Sin embargo, la protección de los principales —a veces con intenciones egoístamente eróticas y lúdicas, caso de los ataques a Jusepa Vaca y a su marido, el autor Morales[136]— suavizó y hasta compensó ese *apartado* social. El caso más simbólico es el entierro de Molière en cementerio católico con la protección de Luis XIV, frente a los ataques de los puritanos. De hecho, en el teatro hubo un rectángulo de cuatro fuerzas socio-económicas que lograron vencer la prohibición total del teatro que algunos propugnaban: las cofradías y sus hospitales; la afición del pueblo llano; los ayuntamientos y las fiestas del Corpus; y el mecenazgo de los nobles, empezando por el del propio rey.

---

[135] COTARELO, *Controversias,* págs. 619-623.
[136] Recuérdese, entre otros varios, como ejemplo, el soneto de VILLA-MEDIANA: *Oiga, Jusepa, y mire que ya pisa.* V. en *Obras,* ed. Rozas. Madrid, Castalia, 1969, pág. 269.

8. DURACION DE LA COMEDIA

> Tenga cada acto cuatro pliegos solos,
> que doce están medidos con el tiempo
> 340 y la paciencia del que está escuchando;

(vss. 338-340)

Es éste el apartado más breve —sólo tiene tres versos— de los diez en que se divide la parte doctrinal. Se relaciona con la parte tercera, *División de la comedia,* pues la duración está en relación con la composición y especialmente se empareja con los versos 219-221, de esa tercera parte:

> *Y yo las escribí de once y doce años*
> *de a cuatro actos y de a cuatro pliegos,*
> *porque cada acto un pliego contenía.*

Creo, sin embargo, que estos tres versos que Lope dedica a la duración de la comedia, detrás de hablar de los temas y de la invención, pueden, y aun deben, estudiarse aislados. Ya lo hizo Romera Navarro en un breve trabajo monográfico que ocupa el capítulo V de su famoso libro [137] y que titula *Sobre la duración de la comedia.* En él se nos condensan los datos fundamentales y, salvo en un error, que veremos corregido por Juana de José,

---

[137] *La preceptiva dramática de Lope de Vega,* Madrid, Yunque, 1935.

a él seguiremos, si bien reordenando los materiales y el sistema, y añadiendo algún nuevo dato.

Lope, en su niñez, había escrito comedias de cuatro actos (en cuatro está dividida *Los hechos de Garcilaso)* y de a cuatro pliegos, comedias que serían de una extensión aproximada al tercio de las normales en su madurez. No parece que tengamos rastro de comedias tan cortas del Fénix, pero sí un poco posteriores, con una extensión algo mayor y que luego Lope refundió, llegando a una longitud casi normal, a la hora de publicarse. Como ejemplo podría citarse, con ciertas reservas, *El verdadero amante.*

En los tres versos de este octavo epígrafe Lope proclama una longitud de tres actos por cuatro pliegos, es decir, de doce pliegos. Esto hace a Romera sacar la cuenta equivocada, al menos en su expresión: "Cada acto tendrá 16 páginas y 48 toda la comedia" [138]. Quiere decir folios. Juana de José lo explica perfectamente: "Pliego se llamaba la presa de papel según salía del molde, en la que se hacía un primer doblez y sobre éste otro, de forma que resultaba un cuadernillo de cuatro hojas para escribir. Si el acto tenía cuatro pliegos, tenía cuatro cuadernillos de cuatro hojas, es decir, dieciséis hojas. Los tres actos de la comedia arrojaban un total de cuarenta y ocho hojas" [139]. Para entendernos mejor: de acuerdo con la época de Lope, 48 folios; o 96 páginas de ahora. En efecto, en los manuscritos autógrafos de Lope que tengo en casa, a mano, veo que *El bastardo Mudarra* tiene exactamente dieciséis+dieciséis+dieciséis folios en los tres actos, con la mínima excepción de que el último tiene esos dieciséis+ocho versos más. *La dama boba,* obra más larga, diecisiete y medio+dieciséis y medio+diecisiete y ocho versos.

La medida de la comedia se podía —y se puede— hacer en tres unidades: los pliegos, los versos o el tiempo. Sin duda, los versos, tal como hoy se miden, es lo más exacto, pero no nos extrañemos de que Lope hable de pliegos desde un punto de vista práctico, material, como hoy hablamos de un artículo que no exceda de veinte holandesas a máquina a dos espacios, aun-

---

[138] *Op. cit.,* pág. 145.
[139] J. DE JOSÉ, pág. 219.

que, más técnicamente, un impresor pueda hablar de palabras y aun de espacios.

Contando en versos, Romera nos reúne unos datos interesantes, hoy muy divulgados. Los autores de la época estiman que unos tres mil versos era una media normal. Así lo dice Boyl. Pellicer habla de 900 por acto, es decir, unos 2.700 [140]. A mi parecer, de la escuela de Lope a la de Calderón se produjo un cierto —y no comprobado estadísticamente— aumento en la extensión. Esta se ha estudiado en Tirso y se ha encontrado un promedio de unos 3.300, pero con variaciones desde los 2.478 de *Amor y celos,* hasta los 3.945 de *La villana de Vallecas.* Alarcón da una media de unos 2.750 y sus cifras mayores y menores no se alejan mucho de este punto. Igualmente ésta es la cifra de versos medios para Moreto, con excepciones llamativas, como *Las travesuras de Pantoja,* con sólo 2.068 [141]. Tengamos en cuenta —por resta o por suma— la labor de los cómicos manipulando los manuscritos según sus necesidades.

Centrándonos en Lope, me parece poder dar una norma —repito, sin comprobaciones estadísticas— que tiene una cierta lógica. Las obras históricas en las que inventa poco y sigue sobriamente la crónica suelen ser cortas. Llamativamente breve es su *Fuenteovejuna,* que tiene 2.453 versos solamente, frente a la de Cristóbal de Monroy, que tiene 3.270. Sin embargo, en obras de amor y enredo, o simplemente urbanas, en que no sigue una fuente y, por tanto, inventa mucho, hace obras mucho más largas. Un modelo sería *El perro del hortelano,* con 3.383 versos. Las comedias mejor escritas de Lope, tipo *El caballero de Olmedo* o *El castigo sin venganza,* se aproximan a las medidas que da Pellicer, entre 2.700 y 3.000 versos.

Si medimos la obra por el tiempo que dura la representación, sabemos que el espectáculo podía durar de dos a tres horas. Empezaba a las dos en invierno y a las cuatro en verano. Por críticos y costumbristas conocemos que su duración era de poco más de dos horas.

---

[140] *Preceptiva dramática,* pág. 270.
[141] Datos reunidos por ROMERA, *op. cit.,* pág. 146, de diversos estudios de MORLEY y de RUTH L. KENNEDY.

Hay que salvar ciertas exageraciones, nacidas de la argumentación, como la de Suárez de Figueroa, que habla de tres o cuatro horas. Tal vez incluya el larguísimo tiempo de espera que sufrían pacientemente muchos espectadores para coger buen sitio, comparable sólo a lo que hoy día ocurre en los estadios o en las plazas de toros. Recuérdese con cuánta anticipación van aquellas dos mujeres al teatro en *El día de la fiesta, por la tarde,* de Zabaleta. Y cómo, en plan moralista, aunque luego resulte poco puritano, empieza diciendo que gasta todo el día de fiesta la gente en ir a la comedia [142]. Sin embargo, en un plano más objetivo, críticos serios, como Pinciano y Cascales, hablan de unas tres horas de representación. Hay que contar con las piezas adicionales que se representaban con las tres jornadas. El máximo podía ser: loa, primera jornada; entremés, segunda jornada; baile, tercera jornada y un fin de fiesta. Todo esto podía simplificarse, como dice Lope —que era poco entremesista— a un entremés y apenas un baile, o a alargarse en otras representaciones mucho más. Pensando desde hoy, y doblando el tiempo de nuestros dos entreactos —por razones comerciales reducidos a uno muchas veces—, para que quepan en ellos el entremés hablado y el entremés cantado y bailado, podemos dar una duración no menor de dos horas y no mayor de dos horas y media, a un espectáculo normal de aquella época. Lope, en el mismo *Arte nuevo,* verso 207, lo fija en situación estilística un poco forzada, en dos horas. Pero en otras situaciones le da dos horas también, y en *El acero de Madrid* dos y media. Y lo mismo en otras obras. Sobre una duración de dos horas recoge Romera varios testimonios valiosos: Rojas, Turia, Tirso y varias loas anónimas [143]. Sin embargo, dos horas parece una cifra redonda, y tres una exageración. De dos horas a dos horas y media me parece el cómputo más objetivo.

---

[142] Ed. cit., pág. 230-233.
[143] *Op. cit.,* pág. 141-42.

9. USO DE LA SATIRA: INTENCIONALIDAD

> En la parte satírica no sea
> claro ni descubierto, pues que sabe
> que por ley se vedaron las comedias
> por esta causa en Grecia y en Italia;
> 345   pique sin odio, que si acaso infama,
> ni espere aplauso ni pretenda fama.

(vss. 341-346)

Aunque primero, como es lógico, abordemos el sentido literal e histórico de estos versos, no podemos dejar de decir, de salida, que desde nuestros puntos de vista actuales este pasaje encierra un problema más general e importante: la intencionalidad del dramaturgo.

Este apartado noveno está muy unido al séptimo, *Temática*. Sin embargo, al ir cortado por esos tres versos que hablan de la *Duración de la comedia*, y por guardar la simetría del poema, basada en el número tres, como ya hicimos antes al estudiar las partes 4, 5 y 6, veremos este apartado del *Uso de la sátira* aisladamente. Además de esas razones de composición, es evidente que no es lo mismo los temas en general que la intención, satírica o no, que se busque con ellos.

Estos versos dicen dos cosas: en la parte satírica a) *no sea claro ni descubierto,* pues se corre el peligro de la prohibición del teatro; b) *pique sin odio,* pues si infama no espere éxito. Dos secuencias, como se ve, perfectamente simétricas, pero de desigual gravedad. Dos peticiones, la primera de forma gramatical más complicada, con el subjuntivo, con la forma elusiva negativa y con la referencia a la censura española sin nombrarla, englobada en las censuras de Grecia e Italia —es decir, Roma, pues escribe Italia por la versificación—; la segunda muy clara, mediante un mandato en imperativo, con un léxico nada elusivo (*odio, infama*) y con unas consecuencias expresadas en el presente español y no en los países de la antigüedad.

Esta segunda afirmación está dicha de forma tan clara porque atañe a algo que no presentaba dudas ni conflictos: la sátira con consecuencias personales. Sobre ella la doctrina estaba clara, se perseguiría judicialmente al que escribiese, en verso o prosa, contra una persona concreta ofendiéndola. Lope, desde sus libelos contra unos cómicos [144], lo sabía muy bien. Por sátira personal —dejando aparte la política, mucho más grave— hombres como Villamediana sufrieron graves consecuencias. La tradición literaria además marcaba muy bien la pauta. Horacio —al que tal vez recuerde Lope en los versos 345-346, y pensando en el teatro, y no en la lírica— separó del drama serio el lenguaje vil y los versos livianos y las expresiones soeces, explicando que de ellas se ofenden los nobles, los patricios y los ricos, y no lo toleran ni lo juzgan digno de premio [145]. El ejemplo de la alta sátira a los vicios comunes, hecha de forma filosófica y objetiva, de los Argensola, enfrentada a la procaz, personal e infamante (aunque muchas veces verdadera) de Villamediana, pone las cosas sobradamente en claro. El *Diccionario de Autoridades* trae dos acepciones para la voz *sátira* (además de *mujer aguda*). La segunda dice: "Por extensión se toma por cualquier dicho agudo, picante y mordaz." Parece que el "pique sin odio" tiene que ver, sobre todo, con esta definición.

Mucho más complicado resulta, y resultaba, el "no sea claro ni descubierto", sobre todo con la amenaza explícita de la cen-

---

[144] Tomillo-Pérez Pastor, *Proceso de Lope de Vega por libelos contra unos cómicos,* Madrid, 1901.
[145] *Epístola ad Pisones,* vss. 245-250.

sura. Parece que esta frase está más en relación con la primera acepción de sátira en *Autoridades,* acepción de alcance mucho más grave que el de la segunda, que dejo copiada, pues dice: "La obra en que se motejan y censuran las costumbres, u operaciones, u del público, u de algún particular. Escríbense regularmente en verso." Claro está que esta definición vale y engloba las dos frases en que vengo dividiendo el pasaje del *Arte nuevo* que comento. Pero en la primera acepción de *Autoridades* la sátira parece tender a lo genérico, social y político, y en la segunda a la sátira más momentánea y chistosa contra un particular. Ambas podían ser castigadas. La ley sobre la segunda era fácil de interpretar, como hemos visto; sobre la primera, difícil, pero podía traer más graves consecuencias. Hay un cierto paralelo entre las dos acepciones de *Autoridades* y las dos frases del *Arte nuevo.* Al igual que la segunda acepción de *sátira* del primer diccionario académico es una extensión, concretada y rebajada en gravedad, de la primera, así la segunda frase es a manera de una extensión, particularizada y rebajada de tono, de la primera. Centrándonos en ésta, que es la que importa, nos damos cuenta de que no es fácil su interpretación. Literalmente aparenta una importancia que el contexto de la obra y del autor entero no justifica. En efecto, Lope dice que haya sátira, que la hay, y que se dé de forma habilidosa para que la censura no pueda intervenir. Esto, dicho así, nos transporta a nuestro siglo XX. Todo dependerá del tipo de sátira que Lope y nosotros queramos entender. Y esto nos envía al problema que mencioné al principio y al que era inevitable llegar, aunque aquí lo tratemos muy concisamente: la intencionalidad del teatro barroco.

Que el teatro corrió peligro en el Barroco, ante las presiones de los puritanos, es evidente. La *Bibliografía sobre las controversias* de Cotarelo da sobrada muestra de ello. Pero la enemiga contra el teatro no suele proceder de la sátira política, al menos pública y social, sino que más bien se centra en razones de moralidad general sobre buenas costumbres, fijándose mucho en el sexto mandamiento. Incluso, recientemente, Maravall ha expresado, de forma tal vez demasiado tajante, la opinión de que, al ser el teatro barroco europeo un instrumento

de propaganda del sistema político triunfante, la comedia no
pudo ser prohibida definitivamente [146]. Dejando aparte esta
cuestión concreta, que sólo desde la historia del teatro se puede
solucionar completamente, y tras examinar muchas obras, la
intencionalidad de la comedia ha sido en nuestros días aclarada
por el hispanismo anglosajón (Wilson, Parker, Sloman, War-
dropper, etc.) en lo ideológico, y en lo político-social, entre
otros, por Salomón [147], con mucho acierto, y por el mismo Maravall, con acierto indudable en puntos básicos, y con aportaciones laterales sobre las que se habrá de volver con más lectura de teatro barroco en busca de muchos casos particulares
equívocos. Hoy es evidente ver que la comedia estaba dentro
del sistema político de la monarquía teocéntrica, lo que era
lógico, y que ayudó a consolidar este sistema. El que ayudase
a mantener una estratificación y una jerarquía de grupos ya me
parece menos probado [148]. Al menos consciente y totalmente.
Y sobre todo me parece errónea la aseveración de que la comedia no fue moralista, según indica Maravall, como lo fueron
las obras de Corneille y Molière. No es el momento ni mi intención discutir todo esto, pero diré cuatro cosas en contra
de esa aseveración tajante, que sólo muestra dudas ante Calderón y Mira. 1) Que comparar todo el teatro español con sólo
dos dramaturgos franceses es desigual, es sólo poner un ejemplo, pues si a ellos les oponemos Valdivielso y Calderón, el problema se termina ahí. 2) Que el número de comedias de santos
y bíblicas, y de autos sacramentales, es inmenso, y no se puede
dejar a un lado fácilmente, pensando sobre todo que en ciertos
sitios muchas personas el único teatro que seguro veían era
precisamente el del Corpus. 3) Que no se puede hablar de moralidad de la comedia barroca sin citar las docenas y docenas de
estudios de ingleses, norteamericanos y canadienses que desde
hace unos cuarenta años vienen hurgando en ello, sobre todo
en el problema del comportamiento de los personajes de la co-

---

[146] *Teatro y literatura en la sociedad barroca,* Madrid, Seminarios y
Ediciones, 1972, pág. 35.
[147] *Recherches sur le thème paysan dans la "Comedia" au temps de
Lope de Vega,* Burdeos, 1965.
[148] MARAVALL, *op. cit.,* pág. 29.

media en relación con el entendimiento global del teatro barroco.
4) Hay que hacer un repaso detenido por los preceptistas barrocos para ver lo que ellos —desde la licitud o desde la estética— opinaban del moralismo de la comedia. Veamos, sobre
todo, Pellicer y Bances Candamo. Pellicer gasta bastante tinta
para explicar que el dramaturgo "se constituye voluntariamente... por maestro público del pueblo que le está oyendo", para
lo cual debe pintar "los vicios tan feos, describa los delitos tan
abominables, y represente las culpas tan horribles que el mozo
inadvertido, la doncella incauta, el hombre maduro, la mujer
experimentada y todo linaje de gentes les cobren horror y no
deseo" [149]. Bances, canonista y dramaturgo experimentado, habla en este mismo tono. Y el *Arte nuevo* declara —como vimos
en una larga glosa— fundamental asunto el de las acciones virtuosas. Lo que ocurre es que la moralidad de Molière tiende
hacia un laicismo que nosotros comprendemos mejor que la moral, diacrónicamente más hacia atrás, de nuestro drama barroco.
Pero esa es otra cuestión.

En líneas generales, y para terminar este apartado, la intencionalidad de la comedia se ha de ver en cuatro niveles sucesivos.

1. Que Lope y sus contemporáneos viven en tiempos com-
pactos muy anteriores a la —en España— tardía, por desgra-
cia, crisis de la conciencia europea. Y que trabajan dentro del
sistema político y religioso de la monarquía teocéntrica, de la
cual —en especial Lope, como Shakespeare— es un propagandista directo y continuo. Por supuesto, que la comedia —con
semántica nuestra— no es democrática en absoluto.

2. Que dentro de ese sistema la comedia sirve en efecto,
muchas veces, para ayudar a cerrar la monarquía absoluta,
"clave de bóveda del sistema de privilegios", como muy bien
dice Maravall [150]. Pero que hay que establecer toda una gama
en los dramaturgos y en las obras, desde *El retablo de las maravillas* hasta *El esclavo en grillos de oro,* por citar dos obras
de principio y fin de siglo, y ambas, en lo social y en lo políti-

---

[149] *Preceptiva dramática,* pág. 265.
[150] MARAVALL, *op. cit.,* capítulo X.

co, respectivamente, conflictivas. Pero también es cierto que Lope y sus contemporáneos, como sabían muy bien Giner y M. B. Cossío [151], hicieron un retrato con claroscuros, a veces italianizantes, a veces no, de la sociedad barroca, y que de ese retrato aprendieron los que quisieron aprender sobre la realidad de puntos concretos que fallaban en el perfecto sistema teórico del momento. Ninguna obra más monárquica que *Fuenteovejuna,* pero en ella se expone la técnica de la rebelión popular con todo detalle y acierto. Y si no, ¿por qué el interés de los rusos de los últimos tiempos de los zares por ella, como ha estudiado recientemente Weiner? [152]. En otras cuestiones la denuncia que el teatro barroco hace, no al sistema, pero sí a su casuística, es muy considerable. En esto ocurrió como con la sátira política, que arremetió contra los privados, no contra la monarquía, pero que fue muchas veces la oposición dentro del sistema, más frecuentemente desde la propia aristocracia de sangre o de ideas [153]. La comedia sostuvo el sistema, pero denunció bastantes taras y retrató casi todas.

3. Además, los dramaturgos, como tales, eran innatos experimentadores —unos más y otros menos— de conflictos dramáticos. Y así, experimentaron sobre conflictos amorosos y sociales, en la medida que les interesaron. La suerte de *La serrana de la Vera* (de Vélez), la de Diana en *El perro del hortelano,*

---

[151] V. Giner, "Consideraciones sobre el desarrollo de la literatura moderna", en *Estudios literarios.* Madrid, 1866, pág. 93; Cossío, *El Greco,* Madrid, Espasa-Calpe, 1965, 3.ª ed., pág. 203-4.

[152] *Mantillas in Muscovy. The Spanish Golden Age Theater in Tsarist Russia, 1672-1917.* Lawrence, University of Kansas Publications, 1970.

[153] V. la introducción de Teófanes Egido a su colección de *Sátiras políticas de la España Moderna.* Madrid, Alianza, 1973. Así como en la sátira se ataca al privado y no directamente al rey, pero de hecho éste sale disminuido, en la comedia a veces también ocurre así —aunque la posición normal ante el rey es la que expuse en el apartado uno—, y por ello algunos protestaron, como Suárez de Figueroa en *El pasajero.* En algunas comedias de Lope, como en *Si no vieran las mujeres,* el rey no sale muy respetado. Es Belardo, *alter ego* de Lope, quien dice en esta obra: "Andan tan graves y erguidos, / que, por sus Reales leyes, / he pensado que los reyes, / Flora, se acuestan vestidos. / Nosotros mudamos cara / con buena o mala fortuna, / los reyes no, siempre es una" (BAE, 249, pág. 240).

la de los amantes de *El infierno del amor* o de *El semejante a sí mismo,* la de *Marta la piadosa,* la del protagonista de *El mayordomo de la Duquesa de Amalfi,* la de Bustos en *La estrella de Sevilla,* etc., son experimentos teatrales sobre la mujer inadaptable, el amor bajo las trabas de lo social, el incesto, la imposición paterna sobre el casamiento, el amor sereno y burgués de una noble, el abuso de un poderoso rijoso, etc. ¿Cuántos especialistas en teatro barroco tendrían que reunirse para llenar la mitad de este *etcétera*? Estos experimentos sólo se ven en profundidad con técnicas que busquen desde la esencia literaria y teatral, desde la morfología artística, y no usando el teatro como simple fuente para la historia social —lo que naturalmente es lícito y conveniente, pero limitado a veces.

4) Por último, creo que muchas cuestiones de las tratadas sobre la intencionalidad de la comedia podrían alcanzarse con la dicotomía historia e intrahistoria. Con frecuencia la primera acción lopista, la del conflicto, es intrahistórica, y la segunda, la del rey, histórica. Pues bien, podemos decir que, mientras la segunda mira al sistema y hace propaganda de él, la primera ve sus conflictos particulares, los retrata y, a veces, los denuncia. Se crea así una interacción entre las dos acciones de valor ideológico, pero sobre todo de mayor valor estético, pues la literatura es primero un testimonio artístico y luego otras cosas. Entre ellas servir —como todo, desde un cuadro de un pintor bueno o malo— de fuente para escribir la historia.

10. SOBRE LA REPRESENTACION

350   Pues lo que les compete a los tres géneros
del aparato que Vitrubio dice,
toca al autor, como Valerio Máximo,
Pedro Crinito, Horacio, en sus *Epístolas,*
y otros los pintan, con sus lienzos y árboles,
355   cabañas, casas y fingidos mármoles.
Los trajes nos dijera Julio Pólux,
si fuera necesario, que, en España,
es de las cosas bárbaras que tiene
la comedia presente recebidas:
360   sacar un turco un cuello de cristiano
y calzas atacadas un romano.

(vss. 350-361)

Tras hablar de la sátira, en el punto 9, Lope parece dar por terminado su estudio, y dice:

> *Estos podéis tener por aforismos*
> *los que del arte no tratáis antiguo,*
> *que no da más lugar agora el tiempo.*

(vss. 347-349)

Versos bien significativos —como estudié en la *Parte general*— de su prisa y de la forma aforística del poema. Pero

le quedaba por hablar de algo muy importante que, tal vez, se
le olvidaba: el montaje. Y no tiene más remedio que volver
sobre su estudio durante doce versos más y, lo más rápidamente
posible, darnos una idea de la escenografía (en seis versos) y
del vestuario (en otros seis). En ambas partes predomina la
pseudoerudición sobre la realidad histórica. Robortello vuelve
a ser traducido, como ya demostró Morel-Fatio, y casi no hay
ninguna observación dictada por la experiencia personal [154]. Especialmente en la parte de la escenografía, adonde cita, en cuatro versos, nada menos que cuatro autores: al romano Vitrubio
(s. I de Cristo), autor del libro *De Architectura,* vigente y reedi-
tado en el Renacimiento, y que hablaba de los teatros de Roma;
al historiador Valerio Máximo, autor del anecdotario *De dictis
fascisque mirabilibus,* también de la Roma clásica, del mismo
siglo I; a Pedro Crinito, o sea, a Pedro Riccıo, que latinizó su
apellido en *Crinitus,* humanista florentino del siglo XV, y a Horacio. Los cuatro están citados en el pasaje de Robortello que
Lope sigue. En la parte de vestuario cita a Julio Póllux, quien
en su *Onomasticon* habla del vestuario entre otras mil cosas,
pues es un *Léxico,* en diez libros, de dimensión enciclopédica
(siglo II después de Cristo).

La escenografía en el siglo XVII varió mucho según la representación, dependiendo de la categoría de la compañía y del
evento que se celebrase, yendo desde la fastuosa escenificación
de las representaciones en los sitios reales —llamadas invenciones, y que se abren con *La gloria de Niquea,* de Villamediana, en 1622— hasta las sencillas y desnudas comedias de capa
y espada de las representaciones cotidianas, pasando por el
complicado aparato de los carros del Corpus Christi para los
autos sacramentales, y por la inevitable tramoya de las comedias de santos. Sin embargo, el tiempo influyó en la riqueza
y propiedad del montaje. Shergold, en su fundamental *A History
of the Spanish Stage* [155], marca la fecha de 1604 —muy cercana

---

[154] MOREL-FATIO, pág. 403. Lo de "los tres géneros del aparato" se
entiende muy bien con el texto de Robortello que copia el erudito francés "Apparatus constat scena, habitu et vestitu hominum... Scenarum
tria genera recenset Vitruvius tragicum, satyricum, comicum."
[155] Oxford, University Press, 1967.

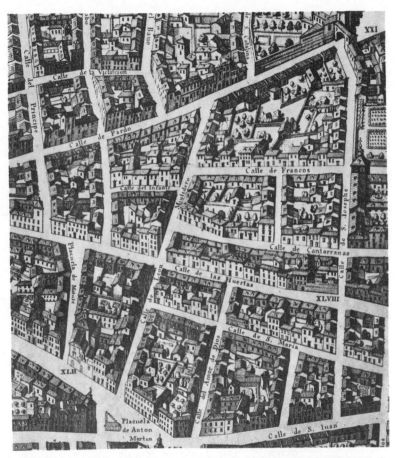

Barrio de los representantes. En la calle de los Francos, actualmente de Cervantes, se puede ver la casa que fue propiedad de Lope desde el año siguiente a la aparición del Arte nuevo *(Topografía de la villa de Madrid descrita por D. Pedro Texeira en el año 1656)*

por tanto a la redacción del *Arte nuevo*— como principio de una etapa escénica que va hasta la muerte de Lope, y que es el principio de los intentos de una aceptable mejora en la escenografía, que luego, influida por las representaciones regias y por los autos sacramentales, se perfeccionaría —siempre a igual nivel artístico y económico— en las etapas sucesivas. Bances Candamo consideraba el teatro de Lope como primitivo, entre otras cosas por la falta de perfección en aparatos y máquinas, al mismo tiempo que consideraba perfecto y acabado el teatro calderonista por haber superado las deficiencias escenográficas anteriores [156]. Shergold, en su capítulo *The First Public Theatres,* concluye, no obstante, así:

> By the time Lope de Vega published the first list of his plays in the *Peregrino* of 1604 it may be said, therefore, that the public theatre had already developed the basic characteristics that it was to have throughout the following century, and indeed into the eighteenth century, when the corrales were finally pulled down and replaced by theatres of a more modern kind [157].

En efecto, un gran cambio se había producido desde 1560 a 1604. Vamos a seguir, pues es importante, este cambio a través del testimonio de tres escritores que estaban muy bien enterados de los asuntos literarios y teatrales. Juan Rufo nos describe en 1596 cómo habían sido, en los años de atrás, las comedias (hacia la fecha de 1560):

> *Quien vio, apenas ha treinta años,*
> *de las farsas la pobreza,*
> *de su estilo la rudeza,*
> *y sus más que humildes paños,*
>   *quien vio que Lope de Rueda,*
> *inimitable varón,*
> *nunca salió de un mesón,*
> *ni alcanzó a vestir de seda;*

---

[156] *Theatro de los theatros,* cit., págs. 28-30. V. ROZAS: "La licitud del teatro y otras cuestiones literarias en Bances Candamo, escritor límite", *Segismundo, núm.* 2, 1965, págs. 247-273.

[157] *Op. cit.,* pág. 208.

seis pellicos y cayados,
dos flautas y un tamborino,
tres vestidos de camino
con sus fieltros gironados;
    una u dos comedias solas,
como camisas de pobre,
la entrada, a tarja de cobre,
y el teatro, casi a solas,
    porque era un patio crüel,
fragua ardiente en el estío,
de invierno un helado río,
que aun agora tiemblan dél [158].

Cervantes vio al mismo Lope de Rueda de muy parecida manera: "En el tiempo de este célebre español, todos los aparatos de un autor de comedias se encerraban en un costal y se cifraban en cuatro pellicos blancos guarnecidos de guadamecí dorado y en cuatro barbas y cabelleras y cuatro cayados, poco más o menos... El adorno del teatro era una manta vieja, tirada con dos cordeles de una parte a otra, que hacía lo que llaman vestuario, detrás de la cual estaban los músicos" [159].

Agustín de Rojas, en la *Loa de la comedia* (1603), nos presenta una situación parecida para la misma época heroica, señalando, además de las cosas que han dicho los dos anteriores, que las mujeres eran representadas por niños. Luego explica cómo fue evolucionando a través de autores como Virués y Morales: "Ya usaban sayos de tela / de raso, de terciopelo, / y algunas medias de seda / ... / y representaban hembras." Viene entonces una época en que "se usaron / las comedias de apariencias, / de santos y de tramoyas, / ... / eran las mujeres bellas, / vestíanse en hábito de hombre; / y bizarras y compuestas / a representar salían / con cadenas de oro y

[158] *Las seiscientas apotegmas y otras obras en verso.* Madrid, Sociedad de Bibliófilos Españoles, 1923, págs. 311-312. Hay ed. reciente de ALBERTO BLECUA en "Clásicos Castellanos". Madrid, 1972.
[159] *Ocho comedias y ocho entremeses nuevos.* Madrid, Viuda de Alonso Martín, 1615. *Prólogo al lector* en los preliminares. Ed. de SCHEVILL-BONILLA. Madrid, 1915, I, pág. 6.

perlas. / Sacábanse ya caballos / a los teatros." Hasta llegar
a esta época de gran esplendor, según él, que es 1603, presidida por Lope de Vega, "la fénix de nuestros tiempos / y Apolo
de los poetas" [160].

Por otra parte conservamos, de finales y principios de siglo, documentos sobre el vestuario que portaban las compañías
que, por su riqueza, estaban ya muy lejos de los antiguos hatillos de los primeros representantes, así como de las caracterizaciones especiales para hacer de demonios, de moros o de salvajes, etc.

Las propias comedias de Lope de esas fechas, que han sido
estudiadas en cuanto a la escenografía por Shergold, indican
un considerable adelanto escénico, pero creo que sólo en lo
que era fundamental y decisivo para el argumento de cada
obra, es decir, la tramoya principal, sin la cual no era posible
la realización de ciertos trucos. De este tipo parecen las tramoyas de *Las pobrezas de Reinaldos* (1599): "Corren una cortina y descúbrese una capilla con un altar, imágenes y luces",
o de *El verdadero amante,* obra que se tiene por una de las
primeras de Lope, donde aparece la diosa Juno en su templo.
De 1597 es *La imperial de Otón,* de la que hay que recordar
la llamativa escena de la tienda de campaña. Por fin —por no
citar más—, el montaje de *El nuevo mundo descubierto por
Cristóbal Colón,* escrita posiblemente entre 1598 y 1603, necesita una maquinaria y un vestuario relativamente complicado
para dar una idea, tanto de ciertos simbolismos —i. e. el personaje llamado la *Imaginación*— como de la realidad americana [161].
Todo ello dentro de una estricta funcionalidad y de un primitivismo indudable.

Con todos estos antecedentes la pregunta que viene a la
boca del lector del *Arte nuevo* es: ¿por qué Lope no dice nada
sustancial del montaje de su época?

Creo que hay cuatro condicionamientos en él para no responder, como podría haberlo hecho, a esa cuestión. Primero,

---

[160] *Colección de entremeses, loas, bailes.* Ed. Cotarelo. Madrid, 1911,
II, pág. 348.
[161] V. SHERGOLD, *op. cit.,* cap. 7. *The first public theatres,* págs. 202-
208.

la situación límite de prisa y de final de trabajo en que se encuentra. Segundo, el que este aspecto, como él dice, "toca al autor", es decir, al director de las compañías, hombres que, una vez que le daban un puñado de reales, eran los dueños absolutos del trabajo del *Fénix*. Tercero, porque, evidentemente, si hubiese reflexionado más, más hubiese insistido en ello; él, como escritor, salía perjudicado con los malos montajes que eran la moneda corriente de la época, como manifiesta claramente en los versos finales:

> *Sacar un turco un cuello de cristiano*
> *y calzas atacadas un romano* [162].

Y cuarto, los adelantos que hemos visto en las citas anteriores eran cosa de los últimos años y, evidentemente, no estaban ni muy generalizados ni eran siempre medianamente perfectos. La fecha que marca Shergold es la de 1604. Los ejemplos que yo he dado se mantenían, más o menos, hacia la raya de ese año. No sabemos con exactitud cuándo se escribe el *Arte nuevo*. Se dan como fechas topes 1604-1608. Probablemente en esos cuatro años empezaba a cambiar con relativa insistencia la situación, que llegaría a ser mucho mejor en los tres lustros siguientes. Hacia 1604-1608 al hablar de decorados o vestuarios —todavía Zabaleta hablará, pasado el medio siglo, de las dificultades económicas, en cuanto al vestuario, de los cómicos—, todo dependía del deseo de objetivar e historiar con cuidado y sin prisas el problema, y del interés intrínseco o crematístico que tal problema tuviese en el que escribía. Lope no tuvo ni mucho tiempo ni mucho interés, y por el contrario —y esta vez de forma absurda— sintió el prurito, una vez

---

[162] Las calzas, especie de media que podía cubrir toda la pierna y el muslo, se ataban con cordones (agujetas), es decir, se atacaban, al jubón. V. citas interesantes en Morel-Fatio, pág. 404. Scarron empieza su interesante *Le roman comique* pintándonos un comediante francés que llevaba "chausses troussées à bas d'attaches" "como lo que usaban para representar un romano", "un héros de l'antiquité" (Ed. Magne, París, Garnier, 1955, pág. 4). El P. Alcázar habla de representar un turco con ropilla y hopalanda, pero menciona a Lope en este pasaje, con lo que la cita vale poco.

más, y con un sentido anacrónico que iba en contra de su manera de ser y de dramatizar, de seguir a Robortello, y tirando de él salieron Julio Póllux, Crinito, Valerio Máximo, Vitrubio y Horacio. Este último, por casualidad, era el único que venía a cuento y estaba dentro de la serie poética del *Arte nuevo*.

Eso hasta 1609. ¿Qué ocurrió después, qué dijeron los tratadistas posteriores? Podemos establecer dos etapas. Los lopistas convencidos —incluso después de los comienzos del teatro cortesano en Aranjuez— siguieron apegados a la desnuda comedia de capa y espada, salvo excepciones. Así, vemos cómo Francisco de Barreda, en el mismo año 1622, en que se estrena *La gloria de Niquea,* no sólo no pide decorados y tramoyas, sino que los ataca. Ve cómo "tratan al pueblo como niño, representándole espantos, martirizando al teatro con tramoyas, y todo para los ojos, sin que haya más que la corteza". Y no sólo le molestan las tramoyas de horror. "Sacan, pues, al teatro la diosa Venus, Juno y Palas, por tener ocasión de engalanarla con muchas flores" [163]. Nótese: todo para los ojos, dice. Y poco a poco, en las llamadas invenciones, así fue, llegando el *climax* al momento en que Calderón rehusa escribir una obra a pie fijo sobre un guión de los decorados y tramoyas de Cosme Lotti [164].

La posición de Pellicer en 1635 con respecto a las tramoyas tampoco es muy favorable. Considera las obras que las tienen "fábulas y no comedias" en el mismo sentido que Barreda. Ahora bien, el teatro había progresado en aquellos lienzos pintados con árboles que Lope menciona, y Pellicer alude a este tipo de decoración objetiva y aun positivamente. "Excéptase aquí la ficción, cuando las tramoyas son de jardines, casas, castillos y murallas que son inmobles apariencias y sólo sirven al adorno del teatro" [165].

Pasará el tiempo y el barroquismo habrá dado una impor-

---

[163] *Preceptiva dramática,* pág. 225.
[164] V. SHERGOLD, *op. cit.,* pág. 280. La obra era *El mayor encanto amor.* La carta fue publicada por Rouanet, "Un Autographe inédit de Calderón", *Revue Hispanique,* VI, 1899, 196-200.
[165] *Preceptiva dramática,* pág. 268.

tancia principal a decorados y vestuarios. Ya vimos la cita de
Bances escrita a finales de siglo. Hacia 1690 el P. Alcázar de-
dicará sendos epígrafes a los trajes y a las mutaciones. Pero
aun en esa tardía y decadente fecha la voz de la desnuda comedia lopista se hace oír como carácter nacional. Los italianos
gastan en mudanzas, "suponiendo que son necesarias", grandes
sumas. Los españoles juzgan superfluas las mudanzas del teatro
—dice— porque "no son mejores los versos si se escriben con
bermellón que con tinta" [166].

---

[166] *Preceptiva dramática*, pág. 337. La ironía entroncaba con la del
propio Lope, que hace salir a escena a *El teatro* quejándose de "una
nube que estos días me han puesto los autores en la cabeza" (V. *Prólogo
dialogístico* en *Comedias escogidas*, Madrid, 1860, pág. XXV (BAE, LXII).

Bibliografía
(y abreviaturas)

I. BIBLIOGRAFIA

1. José Prades, Juana de: El *"Arte nuevo de hacer comedias"* de *Lope de Vega (un ensayo bibliográfico)*, en *Segismundo*, 1966, número 3, págs. 45-55. (Recogido luego en el núm. 21, págs. 329-347).

II. EDICIONES

2. *Arte nuevo de hacer Comedias en este tiempo*, en *Rimas*, de Lope de Vega Carpio. Madrid, Alonso Martín, a costa de Alonso Pérez, 1609. Segunda parte, fols. 200r.-210 v.
3. Ed. facsímile del anterior. Nueva York, 1903, 2 vols.
4. Ed. de Morel-Fatio, en núm. 8, págs. 374-383.
5. Ed. de Blecua, en *Lope de Vega, Obras poéticas, I*. Barcelona, Planeta, 1969, págs. 256-268.
6. Ed. Juana de José Prades, en núm. 21, págs. 275-328. Incluye el facsímile completo de la edición de 1613, que es el texto que sigue.

III. ESTUDIOS ESENCIALES

(V. *Parte general, 2. Las etapas de la crítica*. Esta parte puede hacerse casi exhaustiva consultando el núm. 1 de esta bibliografía y las notas a pie de página del presente libro).
7. Menéndez Pelayo, Marcelino [*Arte nuevo*], en *Historia de las ideas estéticas*. Santander, edición nacional, CSIC, 1947, II, págs. 294-314. La primera edición es de 1884.
8. Morel-Fatio, Alfred: *L'Arte nuevo de hazer comedias en este tiempo"*, de Lope de Vega, en "Bulletin hispanique", III, 1901, páginas 365-405.
Abreviatura: *Morel-Fatio*.
9. Castro, A. y H. A. Rennert: *Vida de Lope de Vega (1562-*

1635). Ed. de F. Lázaro. Madrid, Anaya, 1968. La primera edición es de 1919. El original inglés, de Rennert, de 1904.

10. VOSSLER, Carlos: *Arte nuevo, en Lope de Vega y su tiempo,* Madrid, "Revista de Occidente", 1933, págs. 144-145.

11. ROMERA-NAVARRO, Miguel: *La preceptiva dramática de Lope de Vega y otros ensayos sobre el Fénix.* Madrid, Yunque, 1935. Directamente tocan el *Arte nuevo* los cinco primeros artículos del libro, aparecidos antes en revistas: *Lope y su autoridad frente a los antiguos; Las unidades dramáticas; El lenguaje dramático; Las disfrazadas de varón de las comedias; Sobre la duración de la comedia.*

12. BERGAMÍN, José: *Mangas y capirotes (España en su laberinto teatral del XVII).* Madrid, Plutarco, 1933. Contiene tres ensayos: *La pura verdad por el arte de vestir al muñeco; La cólera española y el concepto lírico de la muerte; La corrida de los tiempos a las luces claras de la burla.* Para nuestro tema, el más importante es el central, páginas 77-132.

13. MENÉNDEZ PIDAL, Ramón: *Lope de Vega, el arte nuevo y la nueva biografía,* en "Revista de Filología española", XXII, 1935, páginas 337-398. (Recogido en *De Cervantes y Lope de Vega,* Madrid, Espasa-Calpe, 1940, págs. 69-143.) (Austral, 120.)

14. SINICROPI, Giovanni: *El Arte nuevo y la técnica dramática de Lope de Vega,* en *Mapocho,* I, 1963, págs. 125-139. El original italiano apareció en *Quaderni Ibero-Americani,* en 1960.

15. PÉREZ, L. C., y SÁNCHEZ ESCRIBANO, F.: *Afirmaciones de Lope de Vega sobre preceptiva dramática.* Madrid, CSIC, 1961. (Anejos de "Revista de Literatura", 17.)

16. FROLDI, RINALDO: *Reflexiones sobre la interpretación del Arte nuevo de hacer comedias en este tiempo, dirigido a la Academia de Madrid, de Lope de Vega,* apéndice a su libro *Lope de Vega y la formación de la comedia.* Madrid, Anaya, 1968, págs. 161-178. En el resto del libro hay también varias observaciones importantes sobre el *Arte nuevo.* En italiano, sin el *Apéndice* sobre el *Arte nuevo,* se titulaba *Il teatro valenzano e l'origine della commedia barocca,* y apareció en Pisa, 1962.

17. LÁZARO CARRETER, Fernando: *El Arte nuevo (vs. 64-73) y el término "entremés",* en "Anuario de Letras", 1965, pág. 77-92.

18. CASTRO, Américo: *Honor y honra,* en *De la edad conflictiva.* Madrid, Taurus, 1963, págs. 66-78. Don Américo se ocupó del tema en *Algunas observaciones acerca del concepto del honor en los siglos XVI y XVII,* en "Revista de Filología española", III, 1916, págs. 1-50 y 357-386.

19. MONTESINOS, José F.: *La paradoja del "Arte nuevo",* en "Revista de Occidente", II, 1964, págs. 302-330. (Recogido en *Estudios sobre Lope de Vega.* Madrid, Anaya, 1967, págs. 1-20.)

20. SAMONA, Carmelo: *Su un paso dell' "Arte nuevo", di Lope,* en *Studi di Lingua e Letteratura Spagnuola,* Universidad de Turín, 1965, páginas 135-146 (Publicazioni della Facoltà di Magistero, 31).

21. JOSÉ PRADES, Juana de: *Lope de Vega. El Arte nuevo de hacer comedias en este tiempo.* Edición y estudio preliminar. Madrid,

CSIC, 1971 (Clásicos Hispánicos). A pesar de la portada, hago la ficha así porque el estudio, prácticamente todo el libro, ocupa 178 páginas.
Abreviatura: *J. de José.*

IV. OTROS TEXTOS

22. ARISTÓTELES: *Poética.* Edición trilingüe, por Valentín García Yebra. Madrid, Gredos, 1974.
Abreviatura: *Ed. García Yebra.*
23. HORACIO: *Oeuvres.* Texte latín. París, Hachette, 1909.
24. COTARELO Y MORI, Emilio: *Bibliografía de las controversias sobre la licitud del teatro en España.* Madrid, 1904.
Abreviatura: *Controversias.*
25. SÁNCHEZ ESCRIBANO, F., y PORQUERAS MAYO, A.: *Preceptiva dramática del Renacimiento y el Barroco.* Madrid, Gredos, 1972 (segunda edición, muy ampliada). Ver lo que digo en el prólogo. Cito por esta colección de textos aquellos que no son asequibles fácilmente. Especialmente importantes son, entre ellos: RICARDO DE TURIA: *Apologético de las comedias españolas* (1616); FRANCISCO DE BARREDA: *Invectiva a las comedias que prohibió Trajano y aploogía por las nuestras* (1622); FRANCISCO CASCALES: *Tablas poéticas* (1617); GONZÁLEZ DE SALAS: *Nueva idea de la tragedia antigua* (1633); PELLICER: *Idea de la comedia en Castilla* (1635); CARAMUEL: *Primus calamus* (1668), y P. ALCÁZAR: *Ortografía castellana* (ca. 1690).
Abreviatura: *Preceptiva dramática.*
26. LÓPEZ PINCIANO, Alonso: *Philosophia antigua poética.* Ed. de Carballo Picazo, Madrid, CSIC, 1953, 3 vols. (Biblioteca de antiguos libros hispánicos, A, XIX-XXI). La primera edición es de Valladolid, 1596.
27. CERVANTES, Miguel de: *Don Quijote de La Mancha.* Edición, introducción y notas de Martín de Riquer. Barcelona, Planeta, 1962. Cervantes se ocupa del teatro en el capítulo 48 de la parte I. También es importante el prólogo a sus ocho comedias y ocho entremeses. (Madrid, 1615). Hay edición facsímile que he tenido en cuenta de todas las obras de Cervantes hecha por la Real Academia, Madrid, 1917, en 6 volúmenes más un séptimo volumen (en 1923) con las obras que no se publicaron en el XVII.
28. CUEVA, Juan de la: *Ejemplar poético,* en *Parnaso español.* Edición de López Sedano, Madrid, Sancha, 1774, VIII, págs. 1-68. Esta es la primera edición. El texto es de 1606. Hay edición asequible en Clásicos castellanos, núm. 60.
29. SUÁREZ DE FIGUEROA, Cristóbal: *El pasajero.* Ed. de Rodríguez Marín, Madrid, Renacimiento, 1913, Alivio III, págs. 75-85. La primera edición es de Madrid, 1617.
30. TIRSO DE MOLINA: *Cigarrales de Toledo.* Ed. Said Armesto.

Madrid. Renacimiento, 1913, Cigarral primero, págs. 115-129. La primera edición es de Madrid (1621).

31. MÁRTIR RIZO, Juan Pablo: *Poética de Aristóteles traducida de latín*. Ed. de Margarete Newels. Colonia, 1965. Esta es la primera edición del ms. 602 de la Biblioteca Nacional de Madrid.

32. BANCES CANDAMO, Francisco: *Theatro de los theatros de los passados y presentes siglos*. Prólogo, edición y notas de Duncan W. Moir. Londres, Támesis Book, 1970. Esta es la primera edición completa, del ms. 17.459 de la Biblioteca Nacional de Madrid. Se editó parcialmente por vez primera en 1901.

APENDICE

ARTE NUEVO DE HACER COMEDIAS EN ESTE TIEMPO

Dirigido a la Academia de Madrid *

---

* Incluyo esta edición intentando sólo ayudar al lector, a fin de que tenga a mano el texto completo del *Arte nuevo*. Por tanto, sólo he buscado una lectura limpia y lo más correcta posible del poema, sin plantearme la edición desde su raíz. He seguido cuatro normas principales 1. Tomo como base la excelente edición de Blecua (que sigue la príncipe, 1609) y la he cotejado, y, en su caso, levísimamente retocado, con los textos de Morel-Fatio y de Juana de José (que sigue la de 1613) (V. las fichas de estas ediciones en la *Bibliografía* anterior). Modernizo el texto totalmente, salvo en imprescindibles casos de variaciones fónicas o morfológicas de algunas voces (*i. e: reprehenden, recebidas, traya, agora,* etc.). Puntúo, a mi manera, según entiendo el texto. 2. Las palabras entre corchetes son enmiendas y reposiciones hechas a la vista de los textos citados. 3. Sólo anoto unas pocas voces que, por marginales a mi intención, no han salido a relucir directamente en el comentario del libro. Por eso no hay casi notas a la parte II, o central, que se ha explicado íntegramente a través de todo mi libro. 4. Divido en secuencias doctrinales y lógicas, de acuerdo con lo explicado a través de las páginas anteriores y de acuerdo, igualmente, con el *guión pedagógico* que antecede al texto.

GUION PEDAGOGICO

[I] PARTE PROLOGAL

    [1] *Captatio benevolentiae* (1-48).
    [2] *Demostración de erudición* (49-127).
    [3] *Justificación y enlace anafórico* (128-146).

[II] PARTE DOCTRINAL

    [0] *Prologuillo y enlace anafórico* (147-156).

[A]
Compo-
sición

    [1] *Concepto de tragicomedia* (157-180).
        [a)] Mixtura social (hacia la invención).
        [b)] Mixtura morfológica y genérica.

    [2] *Las unidades* (181-210).
        [a)] Acción.
        [b)] Tiempo.

    [3] *División del drama* (211-245).
        [a)] División tripartita: actos.
        [b)] Historia de la división en actos.
        [( )] (Paréntesis sobre el baile.)
        [c)] División dual clásica.
        [d)] Cortes a la estructura.

[B]
Elocu-
ción

    [4] *Lenguaje* (246-297).
        [a)] Lenguaje y situación.
        [b)] El cultismo.
        [c)] Lenguaje y personaje.
        [( )] (Paréntesis sobre el disfraz de varón.)
        [d)] El remate de las escenas.
        [al 3.º] Estructuración de los actos (298-301).
        [al 7.º] Engañar y suspender al espectador (302-304).

    [5] *Métrica* (305-312).

    [6] *Las figuras retóricas* (313-318).

[C]
Inven-
ción

[7] *Temática* (319-337).
    [a)] Engañar con la verdad.
    [b)] Hablar equívoco.
    [c)] Los casos de honra.
    [d)] Las acciones virtuosas.

[8] *Duración de la comedia* (338-340).

[9] *Uso de la sátira* (341-346).
    [a)] No sea claro.
    [b)] Pique sin odio.
    [al III] (Paréntesis: la técnica de aforismos) (347-349).

[D]
Perora-
ción

[10] *Sobre la representación* (350-361).
    [a)] Decorados.
    [b)] Trajes.

[III] PARTE EPILOGAL

    [1] *Captación de benevolencia* (362-376).
    [2] *Demostración de erudición* (377-386).
    [3] *Justificación y coda irónica* (387-389).

Mándanme, ingenios nobles, flor de España,
(que en esta junta y academia insigne
en breve tiempo excederéis no sólo
a las de Italia, que, envidiando a Grecia,
ilustró Cicerón del mismo nombre,   5
junto al Averno lago, si no a Atenas,
adonde en su platónico Liceo
se vio tan alta junta de filósofos)
que un arte de comedias os escriba,   10
que al estilo del vulgo se reciba.

Fácil parece este sujeto, y fácil
fuera para cualquiera de vosotros,
que ha escrito menos de ellas, y más sabe
del arte de escribirlas, y de todo;
que lo que a mí me daña en esta parte   15
es haberlas escrito sin el arte.

No porque yo ignorase los preceptos,
gracias a Dios, que ya, tirón gramático,

---

6. Villa de Cicerón en Campania, cercana al lago Averno; allí escribió las *Questiones Academicae,* de ahí el "ilustró del mismo nombre".

18. De MARCO TULIO TIRÓN, secretario de Cicerón, por antonomasia aprendiz de gramático, joven gramático. FORNER lo sabía ya muy bien al escribir:

    ¿A qué tirón la adulación no inquieta
    de la futura gloria premio vano
    que al obstinado estudio le sujeta?
             (BAE, *Poetas del siglo XVIII,* 2, pág. 304.)

pasé los libros que trataban de esto
antes que hubiese visto al sol diez veces   20
discurrir desde el Aries a los Peces.
   Mas porque, en fin, hallé que las comedias
estaban en España, en aquel tiempo,
no como sus primeros inventores
pensaron que en el mundo se escribieran,   25
mas como las trataron muchos bárbaros
que enseñaron el vulgo a sus rudezas;
y así, se introdujeron de tal modo
que, quien con arte agora las escribe,
muere sin fama y galardón, que puede,   30
entre los que carecen de su lumbre,
más que razón y fuerza, la costumbre.
   Verdad es que yo he escrito algunas veces
siguiendo el arte que conocen pocos,
mas luego que salir por otra parte   35
veo los monstruos, de apariencia llenos,
adonde acude el vulgo y las mujeres
que este triste ejercicio canonizan,
a aquel hábito bárbaro me vuelvo;
y, cuando he de escribir una comedia,   40
encierro los preceptos con seis llaves;
saco a Terencio y Plauto de mi estudio,
para que no me den voces (que suele
dar gritos la verdad en libros mudos),
y escribo por el arte que inventaron   45
los que el vulgar aplauso pretendieron,
porque, como las paga el vulgo, es justo
hablarle en necio para darle gusto.

                                          [2]

   Ya tiene la comedia verdadera
su fin propuesto, como todo género   50
de poema o *poesis*, y éste ha sido
imitar las acciones de los hombres
y pintar de aquel siglo las costumbres.
También cualquiera imitación poética

se hace de tres cosas, que son plática,   55
verso dulce, armonía, o sea la música,
que en esto fue común con la tragedia,
sólo diferenciándola en que trata
las acciones humildes y plebeyas,
y la tragedia, las reales y altas.   60
¡Mirad si hay en las nuestras pocas faltas!
    Acto fueron llamadas, porque imitan
las vulgares acciones y negocios.
Lope de Rueda fue en España ejemplo
de estos preceptos, y hoy se ven impresas   65
sus comedias de prosa tan vulgares,
que introduce mecánicos oficios
y el amor de una hija de un herrero,
de donde se ha quedado la costumbre
de llamar entremeses las comedias   70
antiguas donde está en su fuerza el arte,
siendo una acción y entre plebeya gente,
porque entremés de rey jamás se ha visto,
y aquí se ve que el arte, por bajeza
de estilo, vino a estar en tal desprecio,   75
y el rey en la comedia para el necio.
    Aristóteles pinta en su *Poética,*
puesto que escuramente, su principio:
la contienda de Atenas y [Megara]
sobre cuál de ellos fue inventor primero.   80
Los megarenses dicen que Epicarmo,
aunque Atenas quisiera que Magnetes.

---

68. En su comedia *Armelina,* ed. MORENO VILLA, Clásicos Castellanos, núm. 59.
71. Para la supresión de la coma y el significado total del pasaje
V. *Parte general, 1. El texto,* y el artículo de LÁZARO allí citado.
78. *Puesto que:* aunque.
79. 1609: *alegara.*
81-82. Estos nombres se explican bien leyendo el capítulo 3 de la
Poética de ARISTÓTELES: "La comedia [la reivindican como suya], los
megarenses; los de aquí... y los de Sicilia, pues de allí era el poeta
Epicarmo, que fue anterior a Quiónides y a Magnete" (Ed. García Yebra,
páginas 130-134).

Elio Donato dice que tuvieron
principio en los antiguos sacrificios;
da por autor de la tragedia [a] Tespis,   85
siguiendo a Horacio, que lo mismo afirma,
como de las comedias a Aristófanes.
Homero, a imitación de la comedia,
La Odisea compuso, mas *La Ilíada*
de la tragedia fue famoso ejemplo,   90
a cuya imitación llamé epopeya
a mi *Jerusalén,* y añadí "trágica";
y así a su *Infierno, Purgatorio* y *Cielo*
del célebre poeta Dante Alígero
llaman comedia todos comúnmente,   95
y el Maneti en su prólogo lo siente.
   Ya todos saben que silencio tuvo,
por sospechosa, un tiempo la comedia,
y que de allí nació la sátira,
que, siendo más cruel, cesó más presto,   100
y dio licencia a la comedia nueva.
Los coros fueron los primeros; luego
de las figuras se introdujo el número;
pero Menandro, a quien siguió Terencio,
por enfadosos, despreció los coros;   105
Terencio fue más visto en los preceptos,
pues que jamás alzó el estilo cómico
a la grandeza trágica, que tantos
reprehendieron por vicioso en Plauto,
porque en esto Terencio fue más cauto.   110
   Por argumento la tragedia tiene
la historia, y la comedia, el fingimiento;

---

83.   Donato, célebre gramático del siglo IV, es fuente bastante importante para el *Arte nuevo,* como ha señalado con detalle MOREL-FATIO.

96   J. DE JOSÉ, págs. 85-87 duda entre dos dantistas de igual apellido: Antonio di Tucci Manetti (1423-1479) y Gianozzo Manetti (1396-1454). Ambos escribieron sendos trabajos sobre Dante, pero ni Morel-Fatio ni Juana de José han encontrado en ellos la justificación de estos versos.

106.   Seguramente hay que corregir: *fue más justo en los preceptos.*

por eso fue llamada planipedia
del argumento humilde, pues la hacía
sin coturno y teatro el recitante.   115
Hubo comedias palïatas, mimos,
togatas, atelanas, tabernarias,
que también eran, como agora, varias.
Con ática elegancia los de Atenas
reprehendían vicios y costumbres   120
con las comedias, y a los dos autores
del verso y de la acción daban sus premios.
Por eso Tulio las llamaba espejo
de las costumbres y una viva imagen
de la verdad, altísimo atributo,   125
en que corren parejas con la historia.
¡Mirad si es digna de corona y gloria!

                                                      [3]

Pero ya me parece estáis diciendo
que es traducir los libros y cansaros
pintaros esta máquina confusa.   130
Creed que ha sido fuerza que os trujese
a la memoria algunas cosas de éstas,
porque veáis que me pedís que escriba
Arte de hacer comedias en España,
donde cuanto se escribe es contra el arte;   135
y que decir cómo serán agora
contra el antiguo, y qué en razón se funda,
es pedir parecer a mi experiencia,
no [al] arte, porque el arte verdad dice,
que el ignorante vulgo contradice.   140
Si pedís arte, yo os suplico, ingenios,
que leáis al doctísimo utinense

---

113. *Planipedia,* del latín *planipedius,* bajo, humilde.
116-117. *Paliata:* de *pallium,* manto griego, que llevaban los actores;
se opone a la *togata,* de la *toga* romana; *atelana,* de la ciudad de *Atella,*
origen de una comedia popular semejante a la que fue luego la *commedia dell'arte.*
139. 1609: *no el arte.*

Robortelio, y veréis sobre Aristóteles,
y, aparte en lo que escribe *De Comedia,*
cuanto por muchos libros hay difuso,   145
que todo lo de agora está confuso.

[II]
[0]

    Si pedís parecer de las que agora
están en posesión, y que es forzoso
que el vulgo con sus leyes establezca
la vil quimera de este monstruo cómico,   150
diré el que tengo, y perdonad, pues debo
obedecer a quien mandarme puede,
que, dorando el error del vulgo, quiero
deciros de qué modo las querría,
ya que seguir el arte no hay remedio,   155
en estos dos extremos dando un medio.

[A] [1] [a]
    Elíjase el sujeto, y no se mire
(perdonen los preceptos) si es de reyes,
aunque por esto entiendo que el prudente
Filipo, rey de España y señor nuestro,   160
en viendo un rey en ellos se enfadaba,
o fuese el ver que al arte contradice,
o que la autoridad real no debe
andar fingida entre la humilde plebe.
    Esto es volver a la comedia antigua   165
donde vemos que Plauto puso dioses,
como en su *Anfitrïón* lo muestra Júpiter.
Sabe Dios que me pesa de aprobarlo,
porque Plutarco, hablando de Menandro,

---

144. Pongo con mayúsculas y en cursiva *De Comedia,* pues se refiere, al parecer, concretamente al tratado de Robortello de este título,
fuente principal de Lope (V. *Parte general, 1 El texto*).
148. Probablemente hay que corregir: *ya que es forzoso* (V. *Parte
general, 1. El texto.*
161. Siguiendo a BLECUA, dejo *ellos* (refiriéndose a sujetos, argumentos), pero la lectura *ellas* (por comedias) es muy lógica desde una
concordancia mental.

no siente bien de la comedia antigua;   170
mas pues del arte vamos tan remotos,
y en España le hacemos mil agravios,
cierren los doctos esta vez los labios.

                                                          [b)]

    Lo trágico y lo cómico mezclado,
y Terencio con Séneca, aunque sea   175
como otro Minotauro de Pasife,
harán grave una parte, otra ridícula,
que aquesta variedad deleita mucho:
buen ejemplo nos da naturaleza,
que por tal variedad tiene belleza.   180

                                                       [2] [a)]
    Adviértase que sólo este sujeto
tenga una acción, mirando que la fábula
de ninguna manera sea episódica,
quiero decir inserta de otras cosas
que del primero intento se desvíen;   185
ni que de ella se pueda quitar miembro
que del contexto no derribe el todo;

                                                          [b)]
no hay que advertir que pase en el período
de un sol, aunque es consejo de Aristóteles,
porque ya le perdimos el respeto   190
cuando mezclamos la sentencia trágica
a la humildad de la bajeza cómica;
pase en el menos tiempo que ser pueda,
si no es cuando el poeta escriba historia
en que hayan de pasar algunos años,   195
que éstos podrá poner en las distancias
de los dos actos, o, si fuere fuerza,
hacer algún camino una figura,
cosa que tanto ofende a quien lo entiende,
pero no vaya a verlas quien se ofende.   200
    ¡Oh, cuántos de este tiempo se hacen cruces

de ver que han de pasar años en cosa
que un día artificial tuvo de término,
que aun no quisieron darle el matemático!
Porque considerando que la cólera   205
de un español sentado no se templa
si no le representan en dos horas
hasta el Final Juïcio desde el *Génesis,*
yo hallo que, si allí se ha de dar gusto,
con lo que se consigue es lo más justo.   210

[3] [a)]

   El sujeto elegido, escriba en prosa
y en tres actos de tiempo le reparta,
procurando, si puede, en cada uno
no interrumpir el término del día.

[b)]

El capitán Virués, insigne ingenio,   215
puso en tres actos la comedia, que antes
andaba en cuatro, como pies de niño,
que eran entonces niñas las comedias;
y yo las escribí, de once y doce años,
de a cuatro actos y de a cuatro pliegos,   220
porque cada acto un pliego contenía;
y era que entonces en las tres distancias
se hacían tres pequeños entremeses,
y, agora, apenas uno, y luego un baile,

[()]

aunque el baile lo es tanto en la comedia   225
que le aprueba Aristóteles y tratan
Ateneo, Platón y Jenofonte,
puesto que reprehende el deshonesto,
y por esto se enfada de Calípides,
con que parece imita el coro antiguo.   230

[c)]

Dividido en dos partes el asunto,
ponga la conexión desde el principio,

hasta que vaya declinando el paso,
pero la solución no la permita
hasta que llegue a la postrera scena,   235
porque, en sabiendo el vulgo el fin que tiene,
vuelve el rostro a la puerta y las espaldas
al que esperó tres horas cara a cara,
que no hay más que saber que en lo que para.

[d)]
Quede muy pocas veces el teatro   240
sin persona que hable, porque el vulgo
en aquellas distancias se inquïeta
y gran rato la fábula se alarga,
que, fuera de ser esto un grande vicio,
aumenta mayor gracia y artificio.   245

[B] [4] [a)]
Comience, pues, y con lenguaje casto
no gaste pensamientos ni conceptos
en las cosas domésticas, que sólo
ha de imitar de dos o tres la plática;
mas cuando la persona que introduce   250
persüade, aconseja o disüade,
allí ha de haber sentencias y conceptos,
porque se imita la verdad sin duda,
pues habla un hombre en diferente estilo
del que tiene vulgar, cuando aconseja,   255
persüade o aparta alguna cosa.
Dionos ejemplo Arístides retórico,
porque quiere que el cómico lenguaje
sea puro, claro, fácil, y aun añade
que se tome del uso de la gente,   260
haciendo diferencia al que es político,
porque serán entonces las dicciones
espléndidas, sonoras y adornadas.

[b)]
No traya la escritura, ni el lenguaje
ofenda con vocablos exquisitos,   265

porque, si ha de imitar a los que hablan,
no ha de ser por pancayas, por metauros,
hipogrifos, semones y centauros.

[c)]

   Si hablare el rey, imite cuanto pueda
la gravedad real; si el viejo hablare,   270
procure una modestia sentenciosa;
describa los amantes con afectos
que muevan con extremo a quien escucha;
los soliloquios pinte de manera
que se transforme todo el recitante,   275
y, con mudarse a sí, mude al oyente;
pregúntese y respóndase a sí mismo,
y, si formare quejas, siempre guarde
el debido decoro a las mujeres.

[0)]
Las damas no desdigan de su nombre,   280
y, si mudaren traje, sea de modo
que pueda perdonarse, porque suele
el disfraz varonil agradar mucho.

[sigue c)]
[Guárdese de] imposibles, porque es máxima
que sólo ha de imitar lo verisímil;   285
el lacayo no trate cosas altas
ni diga los conceptos que hemos visto
en algunas comedias extranjeras;
y de ninguna suerte la figura
se contradiga en lo que tiene dicho,   290
quiero decir, se olvide, como en Sófocles
se reprehende, no acordarse Edipo
del haber muerto por su mano a Layo.

[d)]
Remátense las scenas con sentencia,
con donaire, con versos elegantes,   295
de suerte que, al entrarse el que recita,
no deje con disgusto el auditorio.

[al 3]

En el acto primero ponga el caso,
en el segundo enlace los sucesos,
de suerte que hasta el medio del tercero   300
apenas juzgue nadie en lo que para;

[al 7]

engañe siempre el gusto y, donde vea
que se deja entender alguna cosa,
dé muy lejos de aquello que promete.

[5]

Acomode los versos con prudencia   305
a los sujetos de que va tratando:
las décimas son buenas para quejas;
el soneto está bien en los que aguardan;
las relaciones piden los romances,
aunque en otavas lucen por extremo;   310
son los tercetos para cosas graves,
y para las de amor, las redondillas;

[6]

las figuras retóricas importan,
como repetición o anadiplosis,
y en el principio de los mismos versos   315
aquellas relaciones de la anáfora,
las ironías y adubitaciones,
apóstrofes también y exclamaciones.

[C] [7] [a)]

El engañar con la verdad es cosa
que ha parecido bien, como lo usaba   320
en todas sus comedias Miguel Sánchez,
digno por la invención de esta memoria;

[b)]

siempre el hablar equívoco ha tenido
y aquella incertidumbre anfibológica
gran lugar en el vulgo, porque piensa   325
que él solo entiende lo que el otro dice.

[c)]

Los casos de la honra son mejores,
porque mueven con fuerza a toda gente;

[d)]

con ellos las acciones virtüosas,
que la virtud es dondequiera amada,   330
pues [que] vemos, si acaso un recitante
hace un traidor, es 'tan odioso a todos
que lo que va a comprar no se lo venden,
y huye el vulgo de él cuando le encuentra;
y si es leal, le prestan y convidan,   335
y hasta los principales le honran y aman,
le buscan, le regalan y le aclaman.

[8]

Tenga cada acto cuatro pliegos solos,
que doce están medidos con el tiempo
y la paciencia del que está escuchando;   340
[9] [a)]
en la parte satírica no sea
claro ni descubierto, pues que sabe
que por ley se vedaron las comedias
por esta causa en Grecia y en Italia;

[b)]

pique sin odio, que si acaso infama,   345
ni espere aplauso ni pretenda fama.

[()]

Estos podéis tener por aforismos
los que del arte no tratáis antiguo,
que no da más lugar agora el tiempo,
[D] [10] [a)]
pues lo que les compete a los tres géneros   350
del aparato que Vitrubio dice,
toca al autor, como Valerio Máximo,
Pedro Crinito, Horacio, en sus *Epístolas,*
y otros los pintan, con sus lienzos y árboles,
cabañas, casas y fingidos mármoles.   355
[b)]

Los trajes nos dijera Julio Pólux,
si fuera necesario, que, en España,
es de las cosas bárbaras que tiene
la comedia presente recebidas:

sacar un turco un cuello de cristiano   360
y calzas atacadas un romano.

[III]
[1]

    Mas ninguno de todos llamar puedo
más bárbaro que yo, pues contra el arte
me atrevo a dar preceptos, y me dejo
llevar de la vulgar corriente, adonde   365
me llamen ignorante Italia y Francia;
pero, ¿qué puedo hacer si tengo escritas,
con una que he acabado esta semana,
cuatrocientas y ochenta y tres comedias?
Porque, fuera de seis, las demás todas   370
pecaron contra el arte gravemente.
Sustento, en fin, lo que escribí, y conozco
que, aunque fueran mejor de otra manera,
no tuvieran el gusto que han tenido,
porque a veces lo que es contra lo justo   375
por la misma razón deleita el gusto.

[2]

Humanae cur sit speculum comoedia vitae,
    quaeve ferat juveni commoda, quaeve seni;
quid praeter lepidosque sales, ex cultaque verba
    et genus eloquit purius inde petas;   380
quae gravia in mediis occurrant lusibus, et quae
    jucundis passim seria mixta jocis;
quam sint fallaces servi, [et] quam improba
                               [semper
fraudeque et omnigenis foemina plena dolis;
quam miser, infelix, stultus, et ineptus amator,   385
    quam vix succedant, quae bene coepta putes.

---

370. Parece una cifra dada al azar de cara a sus oyentes. Por otra
parte, la expresión es suficientemente holgada, por el "gravemente" que
nada definitivo quiere decir.

372-376. Este trozo que, por no estar en la Parte II, o central, no
he comentado, recuerda mucho el pasaje del primer acto de *Lo fingido
verdadero* antes citado (V. nota 54, de la *Parte General*).

383. La restitución de *et* la tomo de Blecua.

386. La traducción del desaparecido P. LÓPEZ DE TORO, que tomo

[3]

Oye atento, y del arte no disputes,
que en la comedia se hallará modo
que, oyéndola, se pueda saber todo.

---

de *Preceptiva dramática,* pág. 165, es: "Por qué es espejo de la vida
humana / la comedia; qué bienes acarrea / al joven o al anciano; qué
otra cosa además de la gracia de sus sales, / de sus cultas palabras y su
limpia / elocuencia traer puede —preguntas; / en medio de sus chanzas
qué cuestiones / serias propone o entre alegres bromas / qué asuntos
trascendentes va mezclando; / qué falsos los criados; qué perversa /
la mujer y cuán llena de continuo / de engaños y falacias sin medida; /
qué infeliz, miserable, necio y simple / el amante, y de qué distinto
modo / acaba lo que tuvo buen principio."

INDICE DE ILUSTRACIONES